Wolfenbütteler Akademie-Texte
Band 8

Katrin Bothe, Andrea Ehlert,
Friederike Kohn & Peter Larisch
(Hrsg.)

Destillate
Literatur Labor Wolfenbüttel 2001

Bundesakademie für kulturelle Bildung Wolfenbüttel 2002

Der Band 8 der Reihe WOLFENBÜTTELER AKADEMIE-TEXTE (WAT) dokumentiert Ergebnisse der drei Treffen der zwölf Stipendiatinnen und Stipendiaten des Literatur Labor Wolfenbüttel 2001. Das Literatur Labor Wolfenbüttel findet im Rahmen des Literatur-Förderungsprogramms der Stiftung Niedersachsen statt.

Redaktion: Katrin Bothe, Andrea Ehlert, Friederike Kohn und Peter Larisch
Layout: Andrea Ehlert, Friederike Kohn
Fotos: Andrea Ehlert, S. 62 – 65 Rabea Edel
Abb. S. 81 Kirsten Lang

Die BUNDESAKADEMIE FÜR KULTURELLE BILDUNG WOLFENBÜTTEL im Internet: www.bundesakademie.de

Die Reihe WOLFENBÜTTELER AKADEMIE-TEXTE (WAT) gibt die BUNDESAKADEMIE FÜR KULTURELLE BILDUNG WOLFENBÜTTEL heraus.

© Alle Rechte bei den Autorinnen und Autoren.

Wolfenbüttel 2002

ISBN 3-929622-08-4

Herstellung: Books on Demand GmbH

Inhalt

Zum Geleit
Linda Anne Engelhardt   5
Heinz Ludwig Arnold   7

Vorwort   8

Einleitung   9

Clemens Bernhard   13

Nora Bossong   25

Sara Braunert   32

Laborbilder I   46

Sonja V. Dinter   47

Rabea Edel   58

Kirsten Lang   66

Matthias Meppelink 82

Michael Neumann 93

Jan Oberländer 103

Sophie Schäpe 116

Christin Schulze 131

Martyna Starosta 142

Koproduktionen / Schreibspiele 153
Reihumübersetzung I – III 153
Zusammengesetzt I - II 160
Einen Anfang setzen I - III 164

Laborbilder II 168

Aus Schreibimpulsen entstandene Texte 173
eine erläuternde Übersicht

Die Autorinnen und Autoren 177

Zum Geleit I

»Und wenn wir mit Freude an die gemeinsame Zeit hier zurückdenken, werden wir nicht vergessen: Zusammengeführt haben uns das Schreiben und die Literatur.« – So klang das erste *Literatur Labor Wolfenbüttel* der Stiftung Niedersachsen am 17. Juni 2001 in der Bundesakademie für kulturelle Bildung aus. Dort lief ein Experiment, das hielt, was es versprach.

Die Gremien der Stiftung beschlossen die – zunächst dreijährige – Durchführung des Vorhabens auf der Grundlage folgender Hypothese: Außerschulische Kreativitätsförderung für Jugendliche umfasst bis heute die Bereiche Musik sowie darstellende und bildende Kunst. Ein entsprechendes Netzwerk von Musikschulen, theaterpädagogischen Einrichtungen und Malschulen bietet jungen Menschen Möglichkeiten, ihre eigenen künstlerischen Kräfte unter fachkundiger Leitung zu entwickeln und sich auf dieser Weise die Tradition und die Gegenwart verschiedener Kunstformen zu erschließen. Die Literatur zum ebenso selbstverständlichen Gegenstand dieser außerschulischen Kreativitätsförderung für Jugendliche werden zu lassen, ist Ziel des Vorhabens *Literatur Labor Wolfenbüttel*.

Ein modellhaftes Vorhaben für Jugendliche im Rahmen des Literatur-Förderungsprogramms der Stiftung Niedersachsen: die Verantwortung war groß. Realität wurde es im ersten »LiLaWo« unter der Leitung einer inspirierten (und inspirierenden) Laborleiterin und ihrem Dream-Team, namentlich Dr. Katrin Bothe mit Friederike Kohn und Peter Larisch. Kongeniale Koordinatorin des Labors an der Bundesakademie war Andrea Ehlert. Ihnen allen gilt der Dank der Stiftung Niedersachsen und mein persönlicher Dank, u.a. für ihre professionelle Arbeit und ihren bestaunenswerten Team-Geist.

Über Ergebnisse des ersten *Literatur Labor Wolfenbüttel* geben das Internet (www.meine-texte.de) und besonders der Band Auskunft, der hiermit vorliegt. Er umfasst Worte über die und aus der Arbeit und vor allem die Texte der zwölf jungen Menschen, die unsere Stipendiaten 2001 waren. »Destillate« ist der Ertrag einer gelungenen experimentellen Arbeit, die eine gute Zukunft verspricht und verdient. Diese gute Zukunft wünsche ich vor allem unseren Labor-Pionieren, die das Projekt bestens aus der Theorie in die Praxis bewegten und mit denen die gemeinsame Zeit in Wolfenbüttel in der Tat sehr viel Freude machte.

Linda Anne Engelhardt
Leiterin der Förderungsabteilung der Stiftung Niedersachsen

Zum Geleit II

Martin Walser hat einmal gesagt, er übe das Schreiben so intensiv wie der Pianist sein Spiel auf dem Flügel: täglich notiere er, was ihm so begegne; wie ein Netz zieht er seine Schreibübungen durch den Tag, indem er Wörter, Sätze, Einfälle, Stimmungen, Geschmacksfarben, literarische Klimata, Begegnungen, Plots, Stoffe, Figuren usw. formuliert - bewußt nicht als Tagebuch, sondern als Lockerungsübung; doch bleibt im Netz vieles hängen: geglückte Formulierungen, Figureneigenschaften, Stimmungslagen, die er später in seinen Büchern verwendet.

Mit solchen Schreibarbeiten kann man, will man sein Leben schreibend erfüllen, gar nicht früh genug beginnen. Denn Schreiben ist immer das genauere Denken. Schreibend ordnet man die Wirklichkeit nach eigenem Maß. Und dieses Maß, so extrem und radikal es dann auch sei, muß erst einmal gewonnen, muß erarbeitet werden.

Deshalb kommt es auch nicht darauf an, die Ergebnisse des Schreibens so schnell als möglich an die Öffentlichkeit zu geben - Dmitri Shostakovich wunderte sich immer über junge Komponisten, die über ihre erste Symphonie sogleich "Erste Symphonie" schreiben, man müsse doch, meinte er, erst eine ganze Badewanne voll komponiert haben, bevor man mit dem Zählen beginne.

Nicht das Veröffentlichen um jeden Preis, sondern das Schreiben gegen alle Widerstände macht den Schriftsteller. Aber der Drang, die Lust, ja die Besessenheit, sich schreibend durch die Welt zu bewegen, um sie schreibend neu zu ordnen, kann nicht gelehrt werden. Sie muß tief in einem sein und gegen alle Widerstände behauptet, ja immer wieder aufs Neue erkämpft werden.

Dabei stecken die widrigsten Widerstände in einem selbst: Eitelkeit, Kritiklosigkeit, Selbstzufriedenheit, Fraglosigkeit, mangelnde Neugier, Überheblichkeit gegenüber dem Detail, Korrumpierbarkeit.

Üben kann man freilich Techniken, Erfahrungen sammeln kann man in Gesprächen über das Geschriebene, und lernen kann man an den großen Texten der Literatur, aber auch an den mißlungenen, fremden wie eigenen - dies alles haben die Teilnehmer des ersten *Literatur Labors Wolfenbüttel* im intensiven Kontakt mit ihren drei Dozenten Katrin Bothe, Peter Larisch und Friederike Kohn getan. Lernen kann man aber auch, wie man Texte kritisch bespricht und wie man auf Kritik reagiert - in Wolfenbüttel war auch dazu, einen Nachmittag lang, Gelegenheit: mit den Schriftstellern des *Literarischen Collegiums*.

Vieles also wurde während dreier Treffen der jungen Literaturlehrlinge erprobt, und zwar mit einigem, manchmal sogar beachtlichen Erfolg, wie diese erste Sammlung ihrer Arbeiten belegt. Auch wenn vieles davon noch in die Badewanne gehört.

Heinz Ludwig Arnold

Vorwort

Schreiben als Interaktion – raus aus der Schreibisolation – ein Netzwerk von Lesenden und Schreibenden. Damit ist die Grundstruktur des *Literatur Labors Wolfenbüttel* von der Idee bis zur Verwirklichung umschrieben. Im Schulalltag ist wenig Platz für einen solchen Austausch. Kreative Schreibformen werden bisher nur selten an Schulen vermittelt, und die Leseinhalte haben Vorgaben zu folgen. Die Schule als Leseort, Schreibort, Lernort, Lustort? – Wohl weniger.

In Wolfenbüttel nun haben wir das Glück, die jungen Schreib- wie Lesebegeisterten und auch -hungrigen an diesem für Literaten geradezu mythischen Ort in einer künstlerisch-kreativ angereicherten Akademie-Atmosphäre an einen Tisch zu bringen. In der Beobachtung der Treffen der jungen Menschen in diesem ersten *Literatur Labor Wolfenbüttel* findet sich das genannte Austauschprinzip wieder und spiegelt sich im Internet unter www.meine-texte.de. So wie man es auch den Texten und Bildern dieses Buches ansieht, wie sich nämlich Schreiben, Lesen, Leben, Lernen, Lehren lustvoll verflechten. Und am Ende fuhren die aus allen Richtungen Angereisten mit ganz textvollen Koffern wie Köpfen wieder ab. Angereichert mit der großartigen Erfahrung, es gibt noch andere junge Menschen, die sich mittels Schrift und in der Sprache bewegen.

Inzwischen, Monate danach also, sind viele mit Texten, Briefen, E-Mails, Forumbeiträgen, Anrufen wieder zurückgekehrt. Aus der Idee in den Köpfen und Papieren ist ein lebendiges Netzwerk geworden, an dem von einer von Jahr zu Jahr wachsenden Schar Literaturversessener weiter gewoben wird.

Die Bundesakademie dankt der Stiftung Niedersachsen, dass sie das Vorhaben in ihr Literaturförderungs-Programm aufnahm und damit das *Literatur Labor Wolfenbüttel* erst ermöglichte. Wir freuen uns insbesondere, dass nun – neben dem seit zehn Jahren erfolgreichen Autorenförderungs-Programm – ein weiteres Literaturförder-Projekt der Stiftung Niedersachsen in unserem Hause stattfindet. Vermittels der Kooperation der am Labor so intensiv und engagiert Beteiligten, Institutionen wie Einzelpersonen, ist ein tragfähiges Netz um das Labor-Projekt entstanden. Allen Beteiligten ist in den umliegenden Beiträgen namentlich gedankt worden, diesen so treffenden Dankesworten schließe ich mich gerne an.

Wolfenbüttel im Mai 2002   Andrea Ehlert

Einführung

Immer wieder berichten uns junge Schreiberinnen und Schreiber, obwohl das Kreative Schreiben in der Schule mittlerweile in so vielen Lehrplänen unterschiedlichster Bundesländer verankert ist und sich langsam auch an den Hochschulen durchsetzt, davon, dass ihren Lehrern oft keine Zeit bleibt, sich den zum Teil recht umfangreichen Texten zu widmen und sie bei der Überarbeitung ihrer Texte zu beraten. Auch fühlen sich die Schreibenden im Umfeld ihrer Altersgenossen mit ihrem Hobby oft allein. Das *Literatur Labor Wolfenbüttel* ist ein Treffpunkt für begeisterte Schreiberinnen und Schreiber: Hier besteht die Möglichkeit, Gleichgesinnte kennenzulernen, eigene Texte zu Gehör zu bringen und Reaktionen darauf zu erhalten, die eigen Textbearbeitungskompetenz zu steigern und das eigen Schreiben auszubauen, zu erweitern.

Obwohl ich mittlerweile seit Jahrzehnten Schreibwerkstätten für Kinder, Jugendliche und Erwachsene leite, ist mir nie eine solch' ernsthafte Bereitschaft der Teilnehmer, an ihren Texten zu arbeiten, an ihnen zu feilen und zu bauen, Passagen zu verwerfen und neue Versionen zu produzieren, begegnet wie im *Literatur Labor Wolfenbüttel*. Diese Werkstatt-Atmosphäre des Vor-Ort-Schreibens, Lektorierens und zum Teil wochenlangen Überarbeitens ist für mich einmalig und zeigt, dass Schreibkompetenz eben nicht nur durch permanentes Neu- und Weiterschreiben ausbaubar ist, sondern auch durch hartnäckige, ausdauernde Arbeit am Text. Die Initiative dazu ging von den Teilnehmern selbst aus und widerlegt das verbreitete Vorurteil, zu nichts seien jugendliche, junge Schreiber so wenig zu bewegen wie zur Überarbeitung ihrer Texte. So haben wir Kursleiter zum Schluss oft ein- bis zweistündige Lektoratsgespräche mit den einzelnen Autoren geführt. Andererseits wurden die Jugendlichen sich aber auch wechselseitig selbst zu immer gefragteren Beratern ihrer Texte.

Den beiden drei- und einem viertägigen Treffen des *Literatur Labors Wolfenbüttel* lagen jeweils unterschiedliche Arbeits- und Aufgabenschwerpunkte zugrunde.

Beim ersten Treffen fand eine literarische und realitätsverarbeitende Stadterkundung Wolfenbüttels statt sowie eine Auseinandersetzung mit den Schreibverfahren der französischen „Oulipo"-Gruppe, die Texte z.T. durch den Spiel des Zufalls bzw. willkürliche mathematische Regelsetzungen generiert.

Das zweite Treffen fand parallel und z.T. in Kooperation mit dem von Heinz Ludwig Arnold geleiteten *Literarischen Collegium* der Stiftung Niedersachsen statt. Es begann mit einer äußerst fruchtbaren Zusammenarbeit mit der Autorin Anne Duden. Analog zu deren eigener Arbeit wurde auch von den Teilnehmern ein Schreiben zu Bild-Impulsen, zu Impulsen aus der Bildenden Kunst praktiziert. Texte, mit denen Anne Duden auf ungewöhnlich kollegiale und zugewandte Art und Weise umging, nicht ohne in großer Offenheit aus ihrer eigenen Schreibwerkstatt zu berichten. Weitere Schwerpunkte dieses Treffens waren es, die eigenen Fähigkeiten in den unterschiedlichen Gattungen der Prosa und Lyrik zu erproben und auszuweiten.

Das Abschlusstreffen war zur Hauptsache ein Redaktionstreffen, auf dem die Texte für die nun vorliegende Anthologie endbearbeitet wurden. Durch Monika Meffert vom Wallstein Verlag wurde der Blick auf den Literaturbetrieb plastischer und ein wenig illusionsloser. Für nimmersatte Schreiber stand der Aufgabenkomplex „Lesend schreiben – Literatur als Material" zur Verfügung.

Insgesamt lag der Arbeit von Kursleiter-Seite ein umfängliches, ausgearbeitetes Konzept eines Curriculums des kreativen, literarischen Schreibens zugrunde, auf dessen verschiedene Schwerpunkte und Aufgabenmaterialien nach Bedarf zurückgegriffen werden konnte. Neben dem Eingehen auf eigenständig entstehende Texte standen so Schreibaufgaben im Mittelpunkt, mit denen die bestehenden Schreibkompetenzen ausgeweitet werden sollten, also ein Ansetzen am gegenwärtigen Tun der Schreibenden. Hinzu kamen Impulse, um eventuell bereits eingeschliffene Schreibgewohnheiten zu konterkarieren, ihnen entgegenzusteuern und um dazu zu verleiten, Neues auszuprobieren sowie Materialien, um auf Nachfragen, entstehende Schreibprobleme zu reagieren (z.B. wie gehe ich mit Intertextualität, mit Fremdzitaten in eigenen Texten um). Dieses Material ergänzten Schreibspiele, Formen des kollektiven Schreibens zum entspannenden Ausgleich.

Insgesamt bewährt hat sich die lediglich generelle Setzung von Arbeitsschwerpunkten durch die Kursleiter und die Bereitstellung entsprechender Arbeitsmaterialien bei dem gleichzeitigen Prinzip der individuellen Eigenauswahl zwischen den verschiedenen Impulsen durch die Kursteilnehmer selbst und der zu jeder Zeit bestehenden Möglichkeit zur Fortführung ihrer jeweils eigenen Schreibprojekte.

Ich danke allen am Literatur Labor Wolfenbüttel teilnehmenden, ideenreichen und von ihrer eigenen Arbeit begeisterten Schreiberinnen und Schreibern, meinen beiden Ko-Leitern Friederike Kohn und Peter Larisch, mit denen ich unser einander wie selbstverständlich ergänzendes Leiten und Lektorieren stets genoss, Heinz Ludwig Arnold und dem *Literarischen Collegium* für die freundliche Aufnahme unter den Literaten, Anne Duden als von allen Teilnehmenden und Leitern so empfundenen „special guest", Monika Meffert aus dem Wallstein Verlag für das Zurückholen auf den Teppich des realen Buchmarktes und nicht zuletzt Andrea Ehlert (Bundesakademie für kulturelle Bildung Wolfenbüttel) und Linda Anne Engelhardt, in der Stiftung Niedersachsen zuständig für das Literatur-Förderungsprogramm, denen mehr als die Infrastruktur zu diesem neue Wege gehenden Unternehmen zu danken ist.

Katrin Bothe

Clemens Bernhard

Von Nasenflügel, -knorpel
Wurzel und hoher Stirn
Einfach locker und entspannt
Konzentriert in sehr Rechtem
Sitzt der Linkshänder
Hängt namensschlafend
Abgebrauchter Inspiration

Nach

Umerziehung neu pochendes
Kurzzeitherz
Gebrochen kurzlebig hingeworfen
Gräbt Ewigkeit in vergänglicher Art
Wie immer schon
Bekannt gewesen

Nachher

Hört auf-geendigt
Beerdigt für kurze Spanne
Oder bereitet
Zur Wiederaufhörung
Dahingelegt in die
Zu große Schwarzkiste
Unmöglich für Vollaufnahme

Nachbarst

Du hier umdrückend
Zudrückst du Weiße
Schwarze schlagend
Schönfeilschendes Zittern
Anderer Ohraugen
Arpeggionale Wonne
Du Fremdlauschklangverstärker

Der Pianistenschreiber

Der Maestroso oder Saus und Braus

Seit geschlagenen zwei Stunden sitze ich in diesem Café, oder eher davor, im Durchgang, zur bestmöglichen Behinderung des unschuldigen Kellners. Nicht, dass etwa keine anderen Sitzgelegenheiten vorhanden gewesen wären als ich daherkam.
Die Sonne steht strahlend im Zenit und erhitzt den gleichfalls unschuldigen Tag auf über-kochende Temperaturrekorde. Man könnte es direkt einen schön heißen, schweißen Sommertag nennen, wenn der Espresso nur halb so erhitzt wäre.
Aber dieser Kellner! Er rast rein, er rastet aus, bringt zwei Eis und eine Schokolade. Rechnung für Tisch vier, pronto!
Schwarz-weißer Italo-Pinguin watschelt hier und da, kommt nie ans Ziel. Ob rein oder raus, fünf Schritte vor meinem Tisch elegantes Abbremsen, routinierte Schrittverkleinerung, Durchgangsvermessung via Augenmaß, Zielanpeilung und dann – AK* vo'aus!
Wie eine Jupitersonde – die Verhältnisse mögen gewahrt bleiben – umkreist er geschickt den Tisch der weißhäutigen, korpulenten Eisverzehrerin und stellt langsam-schnell ab. In einer Bewegung wird Block gezückt, Gewicht verlagert und die Eigenachsendrehung eingeleitet, hin zum Rechnungsmond, Entschuldigung, -tisch vier. Das Leder knarrt, der Stift kritzelt, die Rechnung raschelt und schon wieder wird die nicht veränderte, schmale Einflugsschneise neu vermessen und –
Pinguin voraus!

* „Angriffs-Kraft"

Fürst Ratte

Dreck und Schmutz umgab sie freundlich, schien sie aufzunehmen. Wasser, braun, rollte zäh durch die breite Rinne und färbte das Licht. Beige-gelb, dunkel und schemenhaft wie Schatten waberte das angebliche Hell durch die Gänge, in die gleiche Richtung wie das Nass und genauso alles umspülend. So ergaben sich auch keine Schatten, nur zufällig dahertanzende, kurzlebig existierende Strudel, erzeugt von einem kontrast- und konturlosen Etwas, das sich dem Sichtstrom in den Weg stellte.

Sie liebte dieses Dasein, unter der Erde, als Verschollene oder Begrabene, als Wanderer in diesem unermesslichem Reich. Ja, diese Welt hatte Dimensionen, die einem Normalen unvorstellbar sind. Und trotz dieser gewaltigen Größe war niemand da, der hätte erobern, einnehmen, herrschen wollen – können.
Auch sie nicht. Ihre Vorgänger hatten diese Welt erschaffen, hatten diesen Raum der Erde entrissen, um das Wasser zu versklaven, ohne dass das Licht der Sonne diesen Frevel je hätte aufzeigen können.
Julia ging weiter, der zuvor und zuoberst angewiesenen Stelle entgegen. Eine Ratte begleitete sie, ging ohne Pfeifen, ohne Quieken oder Hasten neben ihr, vielleicht doch ein kleiner Fürst dieser Welt, der sein Geleit aufzwang.

Nervös zuckt ihre buschige Braue. Weshalb? Angst, Unverständnis, Unglauben oder Gewohnheit?
Es ist egal, hier; oben wird sie darauf achten müssen, wenn Licht wieder enthüllt und nicht verheimlicht. Schnell wird sie flüchten in ihr Schloß , dem letzten Anwesen der Freiherrn von Neuschwanenbrück, dem Verfall anheim gegebenes Schachtelbauwerk, billige Illusion, Kopie des einzig wahren Menschenreiches.
Wenn nur der Himmel nicht wäre, der, immer da, auf ewig schmerzhaft an die Endlich-Vergänglichkeit der Geschenkwelt erinnert und das Herz in eisernen Sonnenbann schlägt und erdrückt. Einst wird sie, grau und fett, ganz und letztlich in die Freiheit hinabsteigen.

Ein Besuch

Du hörst nichts. Gar nichts. Du machst einen Schritt und er hallt, entfernt sich immer weiter in die Unendlichkeit, kommt wieder zurück, auf dich zu. Wie eine Stimme, die, hoch erhoben, dich tadelt und anspricht, auffordert und zur Stille anhält: Psst!
Doch halt! Schwingt da nicht auch etwas anderes mit? Eine flüchtige Berührung, vielleicht an der Schulter, und ein leises Raunen wie „Hallo" oder „Schön, dass du..."? Nein, unmöglich! Nur Einbildung, denn schon senkt sich die erdrückende Stille und Kälte des Gemäuers wieder auf dich, umgibt dich ganz und will dich zurückweisen auf deinen Platz, der draußen ist, nicht hier; was hier ist, dass verstehst du nicht! Warum?
Du gehst weiter, wie ein Eindringling in eine fremde Welt. Steigst du in die Bankreihe, horch, wie deine Schritte hohl werden, hölzern. Sie hallen nun wieder wie von unten, wie aus einer Schlucht. Die Holzbrücke ist dünn und schwankt, aber sie trägt. Was ist das hier für eine Welt? Sie ist nicht für dich, aber von Wesen wie dir, gemacht. Kalt und abweisend, massiv und grau ist dieser Ort, nicht gut zum Leben, nicht recht zum Sterben.
Nun setzt du dich, und, wie wissend um dich, dein Leben, um die Welt seufzend, aber nicht klagend, knarrt die Bank und hallt nicht wieder...
Du merkst auf: Stille, Ruhe! Da bist du verwirrt, aber dann – nicht einsam. Beschützt, umfangen, geborgen.

Der Wettergaul

In der Ecke steht –
nein, springt –
nein, steht –
galoppiert er.

Grünes Gras unter
seinen Hufen,
leicht gewellte,
hügelige Landschaft.

Und wiehernd springt er
waghalsig über
das Gebüsch –

aus Kupfer ist er.
Kindestraum –
entsprungen!

Vom Turm her zeigte er
die Wind-
richtung der Welt

Nun genießt –
erträgt er Stille, Schweigen:
der Blech-, nein!,
Wettergaul.

Der anblick eines blickgebrochenen vogels
Fliegherz um die welt
Trauerflug / flugtrauer
Kraftlos stürz ich
Traurig mensch
Auf endland
Dumm dreinschauende
Einsamkeitsschuld blickt traurig

Die welt verwüstet schuld
Und fürchtet sich vor einsamem anblick
Freitod ist als ende zu wählen
Nur ein kurzer schuldsturz
Doch wohl schreckenserwachen
Vogelmensch
Und landesherz

(entstanden aus einem „Chinesischen Wortgitter")

Passion

Als ich heute nacht einschlief, träumte ich. Ich träume sonst nie, bin ein Realist. Ich kann mir Träume auch gar nicht leisten, während ich schlafe nicht, denn ich brauche die Energie. Und wach schon überhaupt nicht. Es ist eine Unmöglichkeit! Immer auf dem Laufenden sein, schnell reagieren, so überlebe ich. Fantasieren können andere. Für mich würde es das Aus bedeuten, Tod.

Hab mal gelesen, der Mensch verarbeitet Eindrücke, die er am Tag nicht schafft, in der Nacht. Ich kann also nicht träumen! Ich sehe, was ich sehen muss. Alles andere erkenne ich nicht. Und was ich erkenne, das analysiere und kategorisiere ich. Ich klassifiziere die Information und gebe sie weiter. – Das alles in Sekunden!

Nun träume ich. Naiv sehe ich scheinbar Reelles. Schemen und Schatten lösen sich mit klaren Bildern ab. Mal schnell, mal wie in Zeitlupe erkenne ich Bekanntes, erblicke Neues, Fantastisches, Unbekanntes. Ich weiß, mein Hirn baut diese Bilder, zufällig und ohne mein Zutun. Nichts ist wahr.

Nun hat dieser Gedankenapparat ein geradezu makabres Bild entworfen: Ein Toter sitzt auf einem gebrochenen Thron aus Stein. Sein Gesicht schmerzlich verzerrt, leidend hat er den Mund geöffnet. Er ist nackt. Ein Tuch um die Hüften. Gesichtsausdruck und Lockenpracht wären nicht nötig gewesen. Die Wundmale sind eindeutig: typische Christusdarstellung der Renaissance vielleicht. Wo habe ich sie nur gesehen?

„Nun ist unser Heiland tot und keiner trauert um ihn." Die quäkende Stimme eines Greises stört meine Traumschau. Wenn man schon mal träumt könnte man doch verlangen, wenigstens schön zu träumen. Aber nein, zu diesem obskur-skurilen Schemenmix kommt auch noch ein tattriger weißgebärteter Eremit zur Rechten des Gottessohnes. „Beklagenswerte Welt! O Grausamkeit des Schicksals!"

„Hör auf zu jammern, Michael. Man sollte meinen, du wirst alt." Greis Nummer Zwei, links vom Thron. Vom Aussehen her Zwillingsbruder des Eremiten – eineiige Zwillinge können zu zweit Einsiedler sein, praktisch. Der Linksrheinische scheint daneben jedoch auch noch Asket zu sein: Seine Bekleidung ist noch ärmlicher als die seines Pendant, quasi nicht vorhanden. „Er ist schon mal gestorben und wieder auferstanden. Ist noch gar nicht so lange her."

„Gabriel, das war etwas ganz anderes." Der angesprochene Michael ist auf eine herrlich gelassene Art aufgebracht. „Damals war alles geplant. Wir hatten unsere Instruktionen. Und er", er deutet auf den Toten, „hat es auch gewollt... mehr oder weniger."

„Und diesmal?" Es war mir nur so rausgerutscht. Ein Versehen. Ich habe auch nicht wirklich damit gerechnet, dass einer der beiden mich überhaupt bemerkt. Aber sie haben mich bemerkt. Im gleichen Moment haben sie sich ein wenig aufgerichtet, den Kopf gedreht. Nun starren sie mich aus je zwei undefiniert dreinblickenden Augen irgendwo zwischen verwundert und gelangweilt an.
„Diesmal? Er ist wieder gestorben, aber ob er es überleben wird? Ich weiß es nicht."
„Woher willst du das auch wissen, Michael. Die Wege des Herrn sind unergründlich."
„Glaubst du, ER hat das gewollt?" Ich bin wieder keine Frage mehr. „Nichts geahnt hat er, sag ich dir. Gabriel, er versteht seine eigenen Geschöpfe nicht mehr!" War das Wut? Es blitzte in Michaels Augen auf einmal so. Aber vielleicht war es auch die unbarmherzig auf das Trio vom azurblauen Himmel herabstrahlende Sonne, die diesen Thronplatz mitten in öder Wüste in unnatürlich helles Tageslicht tauchte und den Sand- und Schotterboden selbst scheinbar zum schmelzen brachte.
„Versündige dich nicht. Es kann sein, vielleicht verhalten sich einige nicht so, wie wir es gern hätten. Über SEIN Verständnis kannst jedoch auch du nicht urteilen. ER denkt in Zeiträumen, die auch für mich zu groß sind."
Ja, ja. Und das ein einziger dieser – Wichte einst stark genug sein wird, ihn", wieder Verweis auf den Toten, der dies alles scheinbar gelassen mit anhört, „erneut zu töten. Dabei hat er für diese Kinder den Tod besiegt! Tod und Teufel trieb er aus, doch kaum sind die fortgerannt, kostümieren sich diese Narren selbst mit Sense und Pferdefuss."
„Du bist verzweifelt, Michael. Das solltest du nicht sein. Auch wenn die Kinder es nicht tun, du solltest deiner Rolle gerecht bleiben." Michael schweigt. Gegen diese Gelassenheit kommt ja auch keiner an. Betretenes Schweigen.
„Um wen geht es eigentlich?" Ich habe doch nur eine Frage gestellt. Hätte ich eine Pistole gezogen und geschossen, der Erfolg hätte nicht größer sein können.
Ein albernes Kichern vom rechten Michael her war die erste Antwort. „Um wenn es geht will er wissen. Nein wie herrlich!"
„Mensch hat den Menschensohn gemordet." Danke Gabriel, damit kann ich mehr anfangen. „Wie ist das möglich? Ich dachte, er wäre auferstanden.", frage ich und halte es für durchaus berechtigt.
„Denkst du das wirklich, glaubst du?" Gute Frage. „Seit du ein kleines Kind gewesen bist hast du gezweifelt." Gezweifelt? „Später hast du dann ganz deiner ‚Vernunft' gehorcht." Wem soll man denn sonst gehorchen? Einem vor zweitausend Jahren herumwandelnden Christus? „Du hast dein Gefühl

begraben und hast so einen enormen Erfolg gehabt." Das ist untertrieben. Ich will nicht prahlen, doch auf meinem Gebiet gibt es keinen, der mir das Wasser reichen kann. „Er", Fingerzeig auf Toten, „schlug deinen Tod in Banden." Nun ein rascher Blick auf Gabriels rechte Seite. Im Sand einige Knochen, ein blanker Schädel. „Das kannst du nicht mehr ändern. Willst du aber den Rest selbst übernehmen wie immer?" Nicken. Natürlich will ich, ist ja nur ein Traum und ganz objektiv überlegt: Das Schicksal selbst bestimmen ist doch besser als nur akzeptieren können, müssen.
Gabriel hat wohl nichts anderes erwartet. Er wies mit einem kleinen Fingerzeig und unsehbarem Kopfnicken in den Hintergrund des Traumbildes. Ein Berg war dort, höher als der Blick reicht, wie eine Nadel steil in den Himmel aufragend und umzogen von einem schmalen Pfad. Auf einer mittelhohen Ebene reißt gerade eine Raubkatze ein Reh.
„Dein selbst gewählter Weg."
„Raphael wartet oben schon auf dich.", meint Michael.

Am Automobil

Eine kleine Faulheit
Eine bannende Begegnung
Eine Mahlzeit

Hier sitze ich seit Stunden, es ist lächerlich. Eine Schlange ist mein Gegenüber, hoch aufgerichtet, abwartend, und hier ich in einer Haltung, die mir bequem erschien – vor einigen Stunden -, in der ich jetzt angespannt daliege, den Kopf halb erhoben, erstarrt. Vor kurzem habe ich noch jeden Muskel gespürt, angespannt zum Zerreißen, jede Nervenbahn vibrierte vor Konzentration; nun fühle ich nichts mehr, keine Muskeln, keine Nerven, keine Knochen; ich bin nur noch eine undefinierbare Masse aus reinem Schmerz gepaart mit lähmender Angst.

Die Angst ist neu. Anfangs hatte ich keine Angst, als ich dösend dalag im Schatten an der Seite des alten, vor Jahren hier liegengebliebenen Ford fast auf der Kuppe der Düne. Als ich dann das leichte Kriechen vernahm, den Kopf ein wenig wand, während ich die Augen einen Spalt öffnete, hatte ich auch keine Angst, noch nicht einmal als ich zwischen dem dahinrostenden Stahl des Automobils das braungrüne, langgezogene Band entdeckte, das nicht hierher gehörte.

Dann, als sie nur noch einen Sprung von mir entfernt war, hörte die Schlange auf, elendig weiter zu kriechen. Sie hob den Kopf, und ich spannte unmerklich meinen kräftigen Körper zum Sprung; sie begann zu zischeln, witterte mich blindlings, und ich tastete mit meinem Blick ihren Körper ab, versuchte zu schätzen, wann sie zuschnappen würde. Sie bog sich nach hinten zum Angriff, und ich musterte ihr Gesicht, das unbewegt war wie eine mit verkrustetem Schlamm bedeckte, aus dem Boden aufragende Baumwurzel; Nur die Zunge war von Leben erfüllt.

Hatte sie Hunger? Ich wusste es nicht, aber es war gut möglich, eigentlich sogar wahrscheinlich. Vielleicht war das meine Chance, vielleicht würde sie unvorsichtig sein, vielleicht zu früh zuschnappen, nicht damit rechnend, dass ich fliehe.
Ja, fliehen würde ich! Nicht von ihr weg, nicht zur einen oder anderen Seite; nein, ganz anders: Wenn sie vorschnellt werde ich schräg nach vorn und oben springen, ihr Maul schnappt ins Leere, sie frisst Sand. Im Falle

spanne ich meine Hinterbeine mit aller Kraft an, lande auf ihrem Körper, stoße mich ab. Die Schlange gibt ein ersticktes Keuchen von sich und bleibt für Sekunden benommen und röchelnd liegen. Im Zickzack laufe ich davon, bin schon die Dünung hinauf, als das schmerzhaft zu einem Knäuel zusammengezogene Lederband hinter mir die Verfolgung aufnimmt, sich im Sand vorwärts quält. Ich haste weiter durch das Dünental, an einem vom Wind scharf und kantig geschliffenen Felsen vorbei. Hinter der nächsten Düne steht der alte, mir so vertraute, knorrige Baum. Ich renne weiter, und der Sand brennt unter meinen Sohlen! Kurz vor dem geschwärzten Baum schlage ich mich nach rechts und flitze immer weiter und weiter. Dann sehe ich den im Schutz eines Felsens gewachsenen niedrigen Dornbusch, geduckt, als wüsste er von der Gefahr, in der ich schwebe. Das ist mein Heim, meine Sicherheit, mein Frieden, schattige Geborgenheit, kraftspendende Vertrautheit!
Die dumme Schlange gibt auf! Bald weiß es jeder, dass ich sie geschlagen habe. Und wenn sie wiederkommt, wird sie bei meinem Anblick erzittern. Sie wird mich angstvoll anblinzeln, und anstatt sich angriffslustig aufzubauen wird sie sich ducken, wenn ich mich drohend zu voller Größe aufrichte. Ich gehe auf sie zu und sie weicht zurück, Schritt für Schritt, immer weiter. Sie stößt an einen Stein, blickt angstvoll um sich, sieht keine Fluchtmöglichkeit und es kommt zum Kampf und...

Was war das? Was zuckt da vor meinen Augen? – Der Schmerz ist wieder da und die Angst auch.

Ich hatte sie weiter gemustert: Die Schlange hatte eine wild wuselnde Zunge, als ob diese ein Eigenleben hätte, selbst ein zuckender, rosa Wurm. Bei diesem Hin und Her konnte ich das Maul nicht lange beobachten, zu sehr lenkte es mich ab. Ich suchte weiter, über die buckelige Nasenspitze, dann den langen Nasenrücken entlang und schließlich die Augen.
Oh, diese Augen! Sie waren eiskalt, ohne Emotionen. Nur die reine Bosheit war in ihnen, als würde durch diese Pupillen alle Bosheit in die Welt strömen. Dieser Blick stach in meine Augen und berührte etwas in mir, zerschnitt es, brannte es aus und füllte die entstandene Leere mit reinem Hass. Ich wusste, was dieses Wesen fühlte: Hass, einen unstillbaren Hass auf alles Lebendige; das war der Grund, warum es tötete.

Plötzlich ist das Band gerissen, ich weiß: Jetzt oder nie! Und ich springe, stoße mich mit aller Kraft ab. Im gleichen Moment erwacht die Schlange, ihr Kopf schnellt nach vorn, ihr Mund klafft auf wie ein höllischer Schlund. Ich springe darüber hinweg, über den Abgrund, die Hölle, aus der mir eine einzelne, stechende Flamme entgegenzüngelt. Erwischt sie mich? Ich lande auf der Mitte des langen Leibes und stoße mich erneut ab, das Untier keucht.

Ich renne davon, bin langsam, denn meine Beine schmerzen. Aber das ist egal, es ist alles egal, es zählt nur eins: weg, weg von diesem Moloch! Der Wind pfeift über die Düne, er trägt das Rauschen des Meeres mit. Mein Herz rast, es zieht sich immer schmerzhafter zusammen, mein Atmen rasselt. Von nun an geht alles sehr schnell. Es wird dunkel, denn ein Gewitter ist aufgezogen, die Luft ist von schwülem Dunst erfüllt. Aus dem Nichts steht der Baum vor mir, der erste Blitz fährt in ihn hinein. Die tausend Verästelungen der Zweige und der Wurzeln werden von Licht erfüllt, sie stechen grell ins Auge. Alles führt zu einem Zentrum von pochender, unerträglicher Helligkeit, worauf sie sich zubewegen wie Millionen Schlangen. Alles übrige ist schwarz... um mich ist unendliche Schwärze... so massiv... die Hölle...

Gemächlich kriecht die Schlange über die Kuppe der Düne. Suchend schaut sie sich um. Da entdeckt sie im Tal ein kleines, graubraunes Etwas, im Sprung zur Reglosigkeit erstarrt. Es ist ein heißer Tag, aber vom Meer weht eine kühle Brise.

Nora Bossong

Eröffnung

Sylvester, zwischen angenippten, warmen Cocktailgläsern, umgestürzten Salzstreuern und Zigarettenasche in einem Wohnzimmer sehe ich ihn zum ersten Mal, ich weiß nicht mehr, wer mich eingeladen hat. Als wir um zwölf Uhr nach draußen gehen, um aus einer leeren Sektflasche eine einzige Rakete in den Himmel zu schießen, die wir in dem Gewühl von Taschen, Mänteln und Schuhen im Flur gefunden haben, trägt er nur ein dünnes Hemd. In der hinteren Ecke des Gartens steht ein Schneemann, niemand beachtet ihn, ich rutsche auf dem vereisten Boden aus.
Das einzige, was mir an seinem Gesicht auffällt, ist das Piercing unterhalb seiner Lippe, ein Dorn wie ein hässliches Furunkel. Einmal, nach einer Tequillarunde, beim Tanzen, stößt er gegen den Tannenbaum, der wirft seine braunen Nadeln auf den Boden, auch ein Schokoladenstern fällt herunter.
Später wird die Musik leiser und wir liegen nah auf dem Sofa zusammen. Ich fühle das Metallstückchen gegen mein Kinn stoßen. Ich wärme es mit meiner Haut; es wird angenehmer.

Wir haben unsere Telefonnummern nicht ausgetauscht, es ist egal, wer schließlich angerufen hat. Wir treffen uns in der ersten Januarwoche in einem Café und er erzählt mir davon, wie er mit siebzehn von zu Hause abgehauen ist, fünf Monate Leben zwischen Amsterdam und Venedig. Damals sei viel schief gelaufen, sagt er. Ich nicke. Jetzt ist das alles anders, jetzt hat er eine Wohnung und bald bekommt er ein Zertifikat, das ihn zum Stechen von Piecings berechtigt. Alles ist anders als früher. Ein Geschichte in fünfzig Sätzen. Irgendwann fragt er mich, was ich mache. Ich sage, nichts besonderes. Das gefällt ihm.
Der Boden seines Zimmers besteht aus Dielenbrettern, die weiß gestrichen sind, über die ich mit meinen Socken streiche, streichle, als wäre es eine weiße Kinderhaut. Ich habe noch keinen Splitter gefunden. Er kocht manchmal Kaffee, wenn ich ihn darum bitte. Er erklärt mir, dass man die Zunge nicht direkt in der Mitte durchstechen darf, dann werden Nerven getrennt und man erblindet.
Es läuft ein Trickfilm in der braunen Umrahmung des alten Fernsehers. Er hat keine Fernbedienung, ich muss vom Bett aufstehen, wenn ich das Programm ändern will. Die Laken sind dünn, es ist ein kleines Loch am

Fußende hineingebrannt, als eine Zigarettenkippe darauf gefallen ist, aber seine Bettwäsche riecht immer frisch, nach Gebirgsquellweichspüler. Über dem Bett ist ein Fenster, durch das ich auf den Himmel sehen kann, wenn ich auf dem Rücken liege.
Es schneit. Er sagt, wenn man am Telefon von „Schnee" spricht, wird eine Abhöranlage eingeschaltet. Die Flocken sind noch zierlich und verschwinden, als würde der Boden sie einatmen. Der Lack des Fensterrahmens ist splittrig und das Gummi in den Fugen spröde, eine Kerzenflamme würde flattern, wenn man sie in die Nähe stellte.
Er hat keine Bilder an der Wand hängen, auch keine Tapete. Der Putz fühlt sich ganz glatt an, wenn ich meinen nackten Arm dagegen drücke. In einer Ecke hat er Striche darauf gemalt, für jeden Tag, den er hier schon wohnt. Es sieht aus wie ein kleiner Gartenzaun, ohne Haus dahinter.
Neben seinem Bett stehen Maisdosen und Mayonnaisegläser mit grauen Resten darin und Zigarettekrümeln, die in dem Grau ertrinken. Ich habe versucht, sie herauszufischen, als er mit seiner Freundin telefonierte und ich nicht hören wollte. Fischen ist leise. Ich habe die Krümel zwischen meinen Fingerkuppen zerfallen lassen, sie sind so fein.
Er versteht nicht, wenn ich an seinem Tisch sitze und mit Bleistift Hausaufgaben auf karierte Zettel schreibe. e ist eine Zahl, sie beträgt 2,718, gerundet; e quadriert mit null ist eins. Er liegt auf dem Bett und wirft einen Tennisball gegen die Wand, fängt ihn auf, wirft. Das Trommeln ist gleichmäßiger als Regentropfen und der Himmel ist wolkenzerknittert. Die Kurve von e läuft ins Unendliche, zur anderen Seite nährt sie sich null an. Er schaltet den Fernseher lauter, malt sich mit Kugelschreiber Tatoos auf die Arme. x ist eine Variable, sie kann jede Zahl sein. Ich kehre ihm den Rücken zu, durch den Spiegel kann ich ihn beobachten. x herauszubekommen ist die Aufgabe. Einmal haben sich dabei unsere Blicke getroffen, ich habe weitergeschrieben: Vielleicht ist x die Zahl e.
Das Bad ist draußen auf dem Gang, er teilt es sich mit drei anderen Mietern. Seine Freundin ist bei ihm zu Besuch. Der Duschvorhang ist an den Nähten dunkel verfärbt und in der Wanne liegen Haare. Er hat die dünne Sperrholztür zum Wohnzimmer geschlossen. Die Toilettenspülung ist kaputt, das Wasser rieselt unaufhörlich und leise an dem grünen Duftstein vorbei. Sie reden so laut, dass ich das Lärmen ihrer Stimmen hören kann. Vor das Fenster ist ein Poster gehängt, damit die Nachbarn nicht hineinsehen können. Es ist zu klein, durch den Spalt zwischen Papier und Rahmen sehe ich auf einen Tisch in gelben Küchenlicht.
Er malt Figuren, die er irgendwann auf Körper tätowieren will. Den schwarzen Kugelschreiber drückt er so stark auf das Papier, dass es manchmal reißt. Ich wache von dem Geräusch auf; ich weiß nicht, ob er es

merkt, ich versuche meinen Atem gleichmäßig zu halten. Die Laken sind zu dünn für die Nacht. Ich friere oft. Dann ist sein Körper zu hart zum Wärmen, seine Schulterblätter stechen daraus hervor.

Seine Küche ist klein; schwarze und weiße Fliesen, ein Schachbrettmuster. Meinen nackten Füße hinterlassen feuchte Abdrücke, wenn ich am Morgen nach Kaffee suche und die Kälte des Bodens mich weckt. Man kann ein Schachspiel ohne Dame gewinnen und ein Bauer kann sich freilaufen. Ich kratze die letzten Pulverreste aus der Dose zusammen und hole die Kaffeesahne aus dem Kühlschrank, sie ist vor drei Monaten abgelaufen. Im Endspiel ist es kaum möglich, allein mit Springer und König zu siegen. Er wischt sein Schachbrett nicht oft, meine Füße sind dunkel, als hätten sie die schwarzen Felder geleckt.

Er schläft noch, wenn ich von unten zu seinem Fenster hinaufblicke und die Luft wieder so kalt ist wie im letzten Jahr. Ich blase weiße Wölkchen in die Luft, wie Seifenblasen. Sie steigen nicht auf, verschwinden. Er hat kein Namensschild an seiner Klingel. Den Fußweg pflastern graue Steinplatten, vor seiner Tür wie überall auf meinem Weg. Einmal habe ich überlegt, ihm Rosen zu schenken, aber ich habe sie im Bus liegen gelassen.

Mein Vater hat mich angerufen, es war noch nicht Frühling und ich wusste nicht einmal, wo er wohnte. Er hat mir gesagt, ich solle ihn in Sizilien besuchen kommen. Es gäbe eine gute Schule dort, wo auf Englisch unterrichtet wird. Meine Mutter hat mir einen Koffer in mein Zimmer gestellt, graue Schale mit einem Geburtstagscode als Sicherung. Auf dem Küchentisch liegt eine Dose mit geschmierten Broten und ein Flugticket.

Bevor ich fahre, will ich ihn noch einmal anrufen; ich will ihn fragen, ob er mitkommt. Das Taxi wird erst in zehn Minuten hier sein und ich gehe in das Telefonhäuschen am Ende unserer Straße. Es riecht nach verschüttetem Bier und der Hörer ist klebrig. Der Automat nimmt mein Geld nicht an. Ich reibe es an der Eisenfläche des Telefons, ich drücke es in meinen Händen. Er nimmt es nicht.

Venezianischer Tod

I.
Ein nackter Körper
gibt Namen / Masken
verhüllen / Schultern bedeckt
vor Ehrfurcht-Kälte / Gold
zersprungen / mosaiksches Bild
zusammensetzend / gekrönt
von Statue-Attrappen

II.
Trauer liegt auf / dem Platz neben
Scheiterhaufen / Taubendreck

Der Himmel ist
bedeckt / Venedig
hochwasser-bedroht / Tod
eines Heiligen

Der Mann vor dem Fenster

Der Mann steht in einem Zimmer. Das Zimmer ist leer und er ist eckig und die Wände sind weiß. Der Mann steht vor dem Fenster. Und er sieht hinaus. Und er sieht den Himmel, der ist auch weiß. Und er sieht einen Ast. Der Ast ist grün und er ist benadelt und die Tanne steht unter dem Fenster. Der Mann sieht sich um.
Da ist die Wand, die ist weiß. Da ist die Decke, die ist weiß. Da ist der Boden, der ist braun. Holzbraun.
Der Mann weiß, das ist sein Zimmer. Das ist sein Fenster, seine Wand, seine decke, sein Boden, sein Holz. Das ist nicht sein Baum. Der Baum steht unter dem Fenster. Das ist nicht sein Himmel. Der Himmel ist zu dünn zum Trinken und zu weiß zum Malen. Das ist seine Tür. Die Tür ist weiß.
Der Mann steht vor dem Fenster und er sieht hinaus. Vor ihm ist glasiges Glas und gittriges Gitter. Und ein Himmel und ein Ast. Die sind hinter dem Glas und hinter dem Gitter. Und er dreht sich um und er geht weg von dem Fenster.
Der Mann steht vor der Tür und er sieht dagegen. Und er schlägt mit seinen Nägeln dagegen. Gegen die weiße Tür. Seine Nägel sind blau. Ihm ist kalt. Das Zimmer ist leer. Und es ist eckig. Und seine Nägel sind hart. Und er schlägt damit gegen die Tür. Ihm ist kalt.
Der andere Mann öffnet die Tür des ersten Mannes, dem ist kalt. Der andere Mann steht im Zimmer des ersten Mannes, das ist leer. Der andere Mann gibt dem ersten Mann eine Kapsel, die ist weiß. Der andere Mann gibt dem ersten Mann ein Glas Wasser, das ist glasig. Der andere Mann schließt die Tür des ersten Mannes, die ist weiß.
Der Mann steht in dem Zimmer. Er steht vor dem Fenster. Er sieht hinaus. Der Mann wird müde.

Wortlos

„Soll ich dir, Flammenbildung, weichen?"

Bücheretagen lehnen sich gegen roten Klinkerstein. Ich liege auf dem Boden eines großen Hauses und mache mir fremden Teppich hörig, kralle meine Nägel in diesen Stofftierflaum. Allein bin ich hier. Schlüsselgeräusch würde mir die Schritte ankündigen, die ihren Körper zum Lesen tragen wollten. Ich könnte aufspringen, mich hinter Regalen verstecken.
Ich könnte liegen bleiben.
Niemand; es ist so leise. Die Bücher sind leise. Ich möchte sie herausreißen aus den Regalen, Geräusche aus ihnen brechen. Sie stehen über mir und um mich herum, immer näher bei mir. Bewegen sich die Wände auf mich zu? Wollen sie mich zwischen den Seiten zermahlen? Nein; die Wände setzen ein regloses Haus zusammen. Es riecht nach Eichenholz, Lesepulten; die Etagen verbinden abstrakte Bilder.
Aus meiner Handtasche ziehe ich Zigaretten und ein Kunststofffeuerzeug, fast leer. Ich werde es wegwerfen, wenn ich wieder draußen bin. Mein Daumen schabt den Feuerstein; Funken fangen Gas. Aschgrauer Dunst dehnt sich über meine Zunge. Die Lippen presse ich um den Zigarettenhals, atme ein, atme, schmecke. Die Glut frisst sich voran auf ihrem Weg zum Filter.
Sanft klopfe ich Tabaksreste auf den Teppich. Sie zerstäuben auf dem weichen Grund. Die Zigarette brennt im Innern. Ich lasse sie fallen. Kurz glimmt sie, hat ihre Umgebung ertastet und streicht mit nebligen Fingern über den Tierrücken. So leicht lässt sich auf Weiß malen. Rot und Gelb spielen lautlose Fantasien.
Noch immer keine Schritte. Warme Luft nimmt mich in ihren Atemzug. Farbtanz. Das erste Papier fängt an, vor wolliger Lust zu knistern. Das Feuer liest die Bücher gern; es macht keine Ausnahmen. Die Glut erreicht meinen Körper. Wie innig sie mich umgreift. Flammenzungen legen sich auf Haar und Fingerspitzen. Hinter meinen Lippen lagert noch das letzte Wasser im Raum. Papier brennt schneller als Worte.

Weltende

es isst unser Tellerchen leer
saugt alle Brüste welk
lässt Honig versiegen
ehe das Meer sich teilt

erst am Ende
lohnt sich das Weißeln der Welt

wirf einen Stein in den Abgrund
damit sein Fall
ewig wird
und nie

Sara Braunert

Die Mauer

Und wie willst du über die Mauer kommen? Wieso ich dich das frage?
Na, irgendwer muss es doch tun.
Nein, das ist keine Scherzfrage. Es ist eine wirklich ernstgemeinte Frage.
Wieso guckst du mich so verständnislos an? Wir sind doch alle hier gefangen, verdammte Scheiße! Warum lächelst du so seltsam? - - - - Hör auf damit!
Du sollst damit aufhören, hab ich gesagt! Das ist nicht lustig. - - - - Wir sind alle zusammen hier gefangen und wir werden alle zusammen hier rauskommen. Oder jedenfalls werden wir das versuchen.
Guck mal, die anderen sind schon die ganze Zeit auf der Suche nach einem kleinen Vorsprung in der Mauer oder einer anderen Möglichkeit hier rauszukommen. Manche schon ihr ganzes Leben lang.
Ich noch nicht so lange. Sonst würde ich wohl nicht so viel Wert darauf legen, dich mitzuzerren. Soweit ich das hier sehen kann, sind die anderen alle Einzelgänger geworden, im Laufe der Zeit. Hier kämpft jeder für sich allein.
Ums eigene Überleben. Um mehr geht es hier keinem mehr.
Verstehst du nicht, was ich sage, oder warum glotzt du so? - - - - Ich spreche doch deine Sprache, Mensch! Du weißt doch, was ich meine, oder? Dann starr mich gefälligst nicht so mit offenem Mund an. Das sieht widerlich aus. Kommst du mit? Ich will hier auch ein bisschen im Kreis laufen und einen Ausweg suchen, wie die anderen. Ja? Kommst du mit? Danke.
Lass doch die Schultern nicht so schlaff runterhängen, das sieht nicht schön aus. Und schlurf nicht so. Ich will mich konzentrieren.
Glaubst du, wir werden hier irgendwann rauskommen? Gott, wär das schön...
Wär es doch, oder? Hör zu: Ich will, dass du mir meine nächste Frage mit etwas anderem beantwortest als mit diesem starren Blick. Okay? Ist das klar? Hast du das verstanden? Gut. Die Hälfte des Kreises haben wir schon geschafft. Guck mal, wenn du ganz genau auf die gegenüberliegende Seite guckst, liegt da dein Schal. Den hast du da vorhin hingeworfen. Macht sich gut da, oder? Das fröhliche Rotgrün mitten im ekligen Dunkelbraun des Erdbodens. - - - - Findest du nicht auch, dass das aussieht, wie ein Hoffnungsschimmer?

Wenn ich mich nicht irre, sind einige unserer Bekannten bereits hier raus. Ich meine die, die mit uns hierher gebracht worden sind. Weißt du noch, dieses Liebespärchen? Die haben sich bestimmt gegenseitig beim Rausklettern geholfen. Und die alte Dame mit dem Enkel. Die stand doch vor ein paar Minuten noch dahinten. Dann muss da ja auch irgendwo der Weg nach draußen sein! Komm her, wir gehen da drüben mal gucken, ja? Komm schon, lauf ein bisschen schneller! Je eher wir hier raussind, desto besser.
Da bist du ja endlich. Ich habe schon die ganze Zeit auf dich gewartet.
Und mach deinen Mund zu. Und wisch dir die Spucke aus den Mundwinkeln. Das sieht ja krank aus.
Was ist denn das hellbraune Etwas, das da direkt an der Mauerwand liegt? Das hat man von dahinten ja gar nicht gesehen... Hey, nicht anfassen! Nein, nicht umdrehen, hörst du? Nicht umdr... oh Gott! Das ist ja die Frau mit dem Enkel! Wo ist denn das Kind? - - - - Bist du verrückt?
Du kannst dich doch nicht dahinlegen! Du kannst dich doch nicht zu einer Toten legen! Lass das! Du sollst das lassen, verdammt! Die ist tot, die ist tot, die ist tot!!! Lass die da liegen! Sonst geht's dir bald genauso wie ihr... Wir müssen versuchen über diese Mauer zu kommen, so lange wir noch die Chance haben. Klar? Ist das klar? Ist dir das klar? - - - - Ih, wisch dir das Blut aus dem Gesicht! Du spinnst – du leckst an den Wunden einer Toten...
Du sollst das lassen, verdammte Scheiße! Mir wird schlecht davon.
Das sieht ja grausam aus, dein Mund ist ja ganz blutverschmiert! Bitte, mach das weg! Das sieht ja aus, als würdest du Blut spucken! Wisch das ab oder ich tu es.- - - - Du siehst es nicht ein?
Nagut, ich mach das für dich. Aber dann halt gefälligst still dabei.- - - - Igitt, das Blut ist ja schon getrocknet! Komm, ich will nicht, dass du diese Frau noch einmal anfasst. - - - - Sie ist tot und das wird sie auch bleiben, verlass dich drauf.
Kommst du weiter? Ich habe dich gefragt, ob du mit mir mitkommst! Hey, folgst du mir noch ein Stück? Ich will weitersuchen. Kommst du? Kommst du, verdammte Scheiße? Komm endlich! - - - - Was soll das? - - - - Tut mir leid, ich wollte dich nicht anschreien. Man wird nur so unglaublich schnell wahnsinnig in diesem Teufelskreis. Lass das! Du sollst das lassen! Leg diesen Ast weg!- - - - Nimm ihn weg, verdammte Scheiße, ich hab Angst! - - - - Du kannst mich doch nicht schlagen! - - - - Weißt du eigentlich, was ich hier für dich tue? Ich will dir das Leben retten! Dein gottverdammtes Leben will ich dir retten, du Miststück! - - - - Leg den Ast weg, du weißt genau, dass ich stärker bin als du! Ja, genau. So ists gut. Leg ihn noch ein Stück weiter weg von dir. Er stört bloß. Gut machst du das.

Und jetzt komm, lass uns endlich weitergehen. Ich will einen Ausweg finden.
Soll ich deine Hand nehmen? Deine blutverschmierte Hand? Du kannst sie ja kaum noch bewegen! Komm, versuch sie zu bewegen! Gut. Und jetzt lass uns gehen, ich will endlich raus hier. Und weg von dieser toten Frau und diesem Ast, mit dem du mir solche Angst gemacht hast. Komm schon, beweg dich endlich!
Na los, komm! - - - - Komm schon! - - - - Du sollst dich bewegen, du Bastard! Beweg deinen Arsch oder ich werde dich dazu bringen, klar? Wenn du jetzt nicht sofort einen Schritt machst, dann hau ich dir deinen beschissenen Schädel gegen die Mauer, kapiert? Grins mich nicht so an – und wisch dir die Spucke vom Kinn!
Beweg deinen Arsch, du Hurensohn, denk an deinen unterbelichteten Schädel! Willst dus wirklich? Soll ich ihn dir wirklich einschlagen, deinen gottverdammten Schädel?
Sieh dich doch mal an, du Wichser! Deine Augen sind ja völlig glasig und hellblau! Ich sags dir noch einmal: Setz dich in Bewegung oder verzichte auf deinen beschissenen Schädel!
Nagut, du hast es nicht anders gewollt! So! - - - - Na, tut das gut ? Ja? Bringt das deine grauen Zellen ein bisschen in Bewegung? - - - - Wenigstens hast du jetzt dein eigenes Blut an den Wangen. Jetzt kann es sich ja mit dem dieser Frau vermischen. Oho, ihr seid Blutsbrüder! Na, bist du stolz darauf, du kleiner Bastard? Bist du jetzt stolz? Jetzt habt ihr euer Blut vermischt! - - - - Na, fühlt es sich geil an: dein Blut vermischt mit dem einer Toten?
Nimm deine Hände weg von den Wangen, du machst sie dir doch bloß schmutzig. Es reicht doch, dass du das Blut im Gesicht hast.
Kommst du jetzt? Ich will nicht allein gehen. Bitte, komm. - - - - Ich stütze dich auch, okay? Ja? Los, gib mir deine Hand. - - - - Okay, vertrau mir einfach. Ich bring uns beide hier raus, versprochen.
Guck mal, da drüben - siehst du das? - - - - Da versuchen mehrere Männer aus sich eine Leiter zu bauen, siehst du das? Die stellen sich gegenseitig auf die Schultern, siehst du das? Lass uns da mitmachen, einen Versuch ists wert. - - - - Die werden nicht mit uns reden, das ist klar. Aber vielleicht sind sie bereit uns zu helfen. Warte kurz, da kommt ein junges Mädchen auf mich zu. Vielleicht will es mit mir reden. Warte hier auf mich, ja? Bleib genau hier stehn, okay? Und wisch dir die Spucke vom Hals.

Hast du das gesehen? Sie hat mich zur Seite gezogen und mit mir geredet. Und weißt du, was sie gesagt hat? Sie wollte wissen, was ich mit dir mache, warum ich dich nicht einfach hier irgendwo liegen lasse. Sie sagte, du seist ohnehin schon so gut wie tot. Sie sagte, der Wahnsinn blitze aus deinen

hellblauen Augen. Das ist doch nicht der Wahnsinn, oder? Du bist doch nicht verrückt, oder? Nein, natürlich bist du das nicht, du bist doch mein Freund. Du bist doch nicht verrückt – auch wenn es so aussieht, als seist dus. Ich werde dich nicht im Stich lassen, versprochen. Das würde ich nie tun, das weißt du doch, oder? - - - - Mach den Mund zu, es tropft dir schon vom Kinn. - - - - Weißt du, was sie noch gesagt hat? Die Männer werden uns nicht helfen. Die kämpfen ihren eigenen Kampf. Und wir auch.
Hey, wo willst du hin? Du bist doch nie ohne mich gegangen! Wo willst du hin? Warum rennst du so? Wo rennst du denn hin? Ich will mit, warte auf mich, ich... oh Gott, warte, ich helfe dir! - - - - Warum tust du sowas, verdammte Scheiße! Warum tust dus, he? Das ist ja völlig krank. Guck mich nicht so an, als sei es allein meine Schuld! Du bist gegen die Mauer gerannt, du Idiot! Dafür kann ich doch nichts! Das ist doch nicht meine Schuld! - - - - Sieh mich nicht so an! Das ist allein deine Schuld! Nur deine, du Bastard! Nicht meine Schuld! Nur deine Schuld! Ich kann überhaupt nichts dafür! Guck mich nicht so an, verdammte Scheiße! Ich wars doch nicht! Das warst doch du! - - - - Lass mein Bein los! Du sollst es loslassen, du Hurensohn, klar? Ich will deine Spucke nicht an meinem Bein haben, okay? Lass mich los, du Wichser! Lass mich... Und hör auf zu heulen! Bitte, ich will nicht, dass du heulst! Und schon gar nicht auf mein Bein.
Soll ich dir aufhelfen? Los, stütz dich ab, leg deinen Arm um meinen Hals – ich zieh dich hoch. Gut. Gut machst du das. Setz dich dahin, auf diesen Stein da, okay? Gut. Gut machst du das. Und jetzt rede mit mir. Los, rede mit mir! Bitte, sag irgendwas, guck mich bloß nicht so an. Rede mit mir, verdammte Scheiße, du sollst mit mir reden! Und hör auf zu heulen, hab ich gesagt! Hör auf, klar?
Sprich deutlicher, ich kann nicht verstehen, was du sagst. Ich kann es nicht verstehen, du Bastard, sprich deutlicher, klar? Sag es noch mal! Los, sag es noch mal! Was sagst du? Ich soll damit aufhören, sagst du? Ich heule nicht, klar? Vielleicht sieht es so aus, aber ich heule nicht, klar? Ist das klar? Ich heule nicht – nicht deinetwegen, klar? Ich bin nicht so ein Wichser, der bei jeder Kleinigkeit gleich heult! Okay? Frag mich was anderes!
Willst du das wirklich wissen? Okay, aber ich werde ganz ehrlich zu dir sein. Scheiße siehst du aus, wie ein Junkie, der seit Ewigkeiten Stoff braucht und langsam aber sicher wahnsinnig wird. Deine Haare sind fettig und verklebt, sie sehen fast schon schwarz aus. Deine Augen scheinen nur noch aus Wasser zu bestehen. Sie sind vom Heulen ganz rot, und die einzige andere Farbe, die man noch sehen kann, ist dieses geisteskranke Hellblau. Du hast Augenringe, als hättest du seit drei Tagen keinen Schlaf gefunden und deine Wangenknochen sehen aus, als könnten sie jeden Moment deine Haut durchbohren. Außerdem sind sie über und über mit Blut verschmiert;

du musst dir an der verdammten Mauer irgendwie die Wange aufgeschnitten haben – an der Stirn hast du auch mehrere Wunden. Deine Lippen sind völlig spröde und du hast Schaum vorm Mund, wie ein tollwütiger Fuchs. Deine Zähne sind rötlich, ich glaube, du hast vorhin beim Heulen auch ein bisschen Blut gespuckt. Auf deinem Kinn und dem Hals ist ein abartiges Gemisch aus deiner Spucke und Blut. Sieht eklig aus, echt. Erinnerst du dich an Milla, dieses Mädchen mit dem du vor Ewigkeiten mal zusammen warst, und das dir seitdem immer hinterhergelaufen ist, weil es dich so klasse findet? Sogar sie würde dich jetzt nicht mal mehr geschenkt nehmen. So zum Kotzen siehst du aus. - - - - Ja, leg deinen Kopf auf meine Beine und mach die Augen ein bisschen zu. Versuch dich zu entspannen, wir machen eine Pause. Aber nur eine kleine. Lange halte ichs hier nämlich nicht mehr aus.
Du hast nicht lange geschlafen... Bist du jetzt ein bisschen ruhiger? Okay, gut. Du musst jetzt was essen, ja? Hier, ich hab noch ein Brot für dich. Hey, nicht wegschieben! Du musst doch was essen! Na los, bitte! Du musst doch was essen! Ich lass dich nicht einfach verhungern, klar? Los, iss wenigstens ein kleines Stück! Du brauchst doch Kraft, damit wir weiter suchen können! Natürlich suchen wir zusammen! Glaubst du etwa, ich geh allein? Verdammte Scheiße, ich hab auch Angst! Nicht weniger als du! Ich bin bloß nicht so blöd und verzweifle daran. Klar?
Komm her, du lehnst dich da drüben wieder an die beschissene Mauer und versuchst zu essen, klar? Ich bring dich rüber. Okay, stütz dich ab, wie vorhin – gut – und jetzt versuch zu gehen – gut. Lehn dich da an die Mauer, ich stütze dich auch weiter. Aber dein Brot musst du schon selber halten. Füttern werd ich dich nicht, klar? Das mach ich nicht. Iss jetzt. Iss – was ist denn los? Ist das denn so schwer? Iss! Du sollst das essen, okay? Ich find das nicht lustig! Iss, du Bastard! Iss! Tu gefälligst, was ich dir sage! Verarsch mich nicht, klar? Ich lass mich von einem kleinen Scheißer wie dir nicht verarschen, klar? Iss! - - - - Issssssss! Mach die Augen auf, du Wichser, verarsch mich nicht! Mach sie auf, mach sie auf! Du sabbernder Hurensohn, iss jetzt! - - - - Ich...d..das...das...war doch nicht ich, oder? War ich das? Nein, ich habe dich nicht geschlagen, oder? Ich würde dir doch nicht wehtun, oder? Das würde ich doch nicht, oder? Du schüttelst den Kopf? Gut, du kennst mich. Du weißt, dass ich dich nicht schlagen würde... Los, iss jetzt! Ja, noch ein Stück – du musst abbeißen. Gut. Gut machst du das, wirklich. Hey, was...du darfst dich nicht übergeben, bitte! Versuch es bei dir zu behalten, ja? Nicht alles wieder ausspucken! Du brauchst das doch noch, du Idiot! Hör doch auf damit, warum kannst du es nicht bei dir behalten? Verdammte Scheiße, das brauchst du doch! Du brauchst es doch, du Wichser! Und jetzt hast du alles wieder ausgekotzt, verdammte Scheiße. - - - - Spuck mich nicht

an, du beschissener Hurensohn! Mach das noch einmal und du hast keine Zähne mehr in deinem Scheißmaul, klar? Du kannst anspucken, wen du willst, aber nicht mich, klar? Kapiert? Verstehst du das, du Bastard? Ich will es für dich hoffen, verstanden?
Pass auf, ich lass dich jetzt ganz langsam los – und du versuchst dich zu halten, klar? Versprich mir, dass du das versuchen wirst, ja? Okay, ich machs ganz vorsichtig... Gehts? Ich lass deinen Arm jetzt los – dann stehst du ganz alleine.
Okay? Jetzt - - - - Du solltest doch stehen bleiben! Warum knickst du einfach zusammen? Du hast es mir doch versprochen! Wieso bist du nicht stehen geblieben? Guck mich nicht so an! Du siehst so widerlich aus mit deinen herausquellenden Augäpfeln... Sieh mich bitte nicht so an! Das halt ich nicht aus! Dir tropft noch immer die Spucke vom Kinn, das ist so abstoßend – und dein T-Shirt klebt an dir wie ein nasser Lappen.. - - - - Komm her, ich hab dir versprochen, dich nicht im Stich zu lassen – und du kennst mich doch. Ich werde dich nicht im Stich lassen, das weißt du. Das weißt du doch, oder? Du weißt es doch, stimmts? Wieso legst du dich in den Dreck? Das kommt doch alles in deine Wunden, das entzündet sich doch! Hör auf damit! Du windest dich ja wie ein Wurm! Hast du Schmerzen? Du hast doch keine Schmerzen, oder? Warum zuckst du so? Was tust du, verdammte Scheiße? Lass deine Zunge in deinem Mund, bitte! Nicht...nicht den Boden...igitt! Du kannst doch nicht in diesem Matsch... dein Mund liegt direkt darin! Nicht in den Mund nehmen, hör auf damit! Das ist Erde, bist du verrückt? Oh Gott, ich halte das nicht mehr aus! Hör auf so zu heulen – ich halte mir die Ohren zu, siehst du das nicht? Ich höre gar nicht, dass du weinst – ich kann es gar nicht hören! Was... du wirst daran ersticken, verdammte Scheiße! Dreh dich zur Seite, du wirst daran ersticken! An deinem eigenen Erbrochenen! Das wird dir doch nicht passieren, oder? Du bist doch nicht blöd! Dreh dich zur Seite, dann kann es herauslaufen, okay? Dreh dich, verdammte Scheiße! Ich will dich nicht anfassen, kapierst du das nicht? Du würdest es verstehen, wenn du dich sehen könntest! Du bist ein Wrack! Du riechst nach Tod! Du schreist wie ein kleines Kind – was soll ich denn tun? Du musst dich zur Seite drehen, verstehst du das denn nicht? Du röchelst ja schon... Kriegst du keine Luft mehr? Ich helfe dir dieses eine Mal noch – zum letzten Mal, klar? Ich drehe dich jetzt um – und du lässt den Mund offen, damit es herauslaufen kann, klar? Okay... oh Gott, es ist so eklig... Gut... es klappt, wie fühlst du dich? Ich geh jetzt wieder ein Stück weg, okay? Ich steh jetzt wieder auf, ja? Lass mich los! - - - - Lass mein T-Shirt los, ich bleibe nicht hier auf dem Boden bei dir! Du sollst mich loslassen – sofort! Ich will hier wieder weg, lass mich los! Nimm deine Hände aus meinem Gesicht, bitte! Ich muss mich gleich übergeben! Lass das,

sie sind ja voll von deiner Fuchsspucke! Lass los oder ich tu dir weh, klar? Schrei nicht so! Das ist so schrecklich... Du zerreißt meine Hose, hör auf damit! Lass mich los, ich kratz dir die Augen aus, du kannst sowieso nicht mehr sehen damit!
Es ist besser für dich so, glaub mir das! Von hier aus kann ich dir wenigstens nichts tun...
Hör bitte auf damit – es ist wie in einem schlechten Film... Komm, wir wollen doch beide hier raus, oder? - - - - Wir wollen es doch beide, oder? Na los, komm schon! Versuch aufzustehen! Du musst dich mit den Händen abstützen, klar? Hochdrücken musst du dich, verstehst du? Ich... ich will doch nicht ohne dich weiter, das weißt du doch! Bitte, versuch es nochmal!- - - - - Du sollst laufen, nicht robben, wieso stehst du nicht auf? - - - - Oh Gott, es sieht so schrecklich aus. Dein Mund ist aufgerissen wie der eines Kindes, wenn es unglaublich laut kreischt – aber bei dir hört man nur noch dieses klägliche Wimmern und deine Spucke rinnt dir aus dem Mund übers Kinn. Ich habe Angst vor dir, Angst! Richtige Angst vor dir, kannst du das verstehen? Sieh mich nicht so an, ich kann doch nichts dafür! Ich habe uns doch nicht hierher gebracht! - - - - Wir sind doch beide hierher gegangen! Hierher gegangen, weil wir es endlich wissen wollten! Guck mich nicht so an!
Du schüttelst den Kopf? Warum? Nein, Fass mich nicht an, bitte! Wieso tastest du in der leeren Luft herum? Was soll das? Schau mich nicht so an - - - - du siehst mich gar nicht, oder? - - - - Kannst du mich sehen, verdammte Scheiße? Kannst dus? Du siehst mich gar nicht, oder? Oh Gott – was soll ich denn tun? Du bist blind... was soll ich denn tun? Hör mit diesem Gewimmer auf, ja? Bitte! Bitte, hör auf damit – ich halt das nicht mehr aus!!! Da drüben, verdammte Scheiße, guck doch! Die haben einen Vorsprung gefunden und klettern raus! Guck doch, die kommen hier raus! Ich will da auch hin! Kommst du mit? Ich geh da jetzt hin!
Es tut mir doch auch weh – merkst du das denn gar nicht? Es tut mir doch auch weh, wenn du dich so an mein Bein klammerst und ich dich mitschleifen muss! Das tut mir doch auch weh! Es tut mir doch auch weh, verdammte Scheiße! Aber wir sind gleich da, okay? Das schaffen wir noch, klar, Mann? - - - - Hier, siehst du das? Die klettern da nacheinander rauf und dann raus aus diesem Gefängnis. Ich mach das jetzt auch, ja? Ich mach das jetzt auch! Und du kommst hinterher, klar? Nein! Lass mich los, ich kletter da jetzt rauf und danach du auch! Neeeeeeiiiiiiiiiiiiiin! Lass mein Hosenbein los, du kannst mich nicht festhalten! - - - - Du sabberst mich voll, merkst du das gar nicht? Lass mich los, du Miststück! Lass mich los! - - - - Nimm deine dreckigen Pfoten von mir, du Hurensohn! Nimm sie weg! Fass mich nicht an! Du sollst loslassen! Ich kratz dir die Augen aus! Ich machs wirklich, du

Wichser! - - - - Ich will jetzt hier raus! Ich will raaaaauuussssssss! Lass mich – du machst mich kaputt! Du machst mein Leben kaputt! - - - - Du Bastard! Lass mich endlich gehen oder es wird dir noch bitter leid tun! Ich tu dir weh, du Idiot, kapierst du das? Ich tu dir weh! Da! Na, verstehst du jetzt, was ich meine? Ja, heul nur, Hauptsache, du lässt mich endlich los und nimmst deine dreckigen Pfoten von mir – dir wird sowieso niemand helfen!

Wenn du jetzt hier stehen würdest! Du kleiner, dreckiger Bastard! Eine schöne Aussicht hat man von diesem Vorsprung! Und das Schönste von allem ist noch das Wissen, hier endlich raus zu sein! Na? Willst du immer noch wissen, wie du aussiehst? - - - - Gut – ich werde versuchen, dich zu beschreiben! - - - - Du siehst aus wie der Tod persönlich, hörst du? Wie der Tod, kapierst du das? - - - - Ich bin hier oben, du Idiot! Wo guckst du denn hin? Und warum schreist du so, du Wichser? Du heulst ja wie ein Baby! Ich hab noch nie jemanden so lächerlich flennen sehen, weißt du das? So, dass sein Gesicht nur noch eine einzige Grimasse war, verstehst du? Wieso guckst du mich nicht an? Ooooch, der Kleine kann ja gar nicht sehen – was hat er denn gemacht? Soll ich dir sagen, was er gemacht hat? - - - - Verrückt geworden ist er! Ausgetickt! Wahnsinnig! - - - - Was schreist du? Ist das für mich bestimmt, du Loser? Für mich – he? Dann schrei gefälligst so, dass ich es auch verstehe! So, dass ich es verstehen kann!

Nein! Neeeiiin, du kleiner Bastard! Nein! Halt deine gottverdammte Fresse! Ich heule nicht!!!

fast ein liebeslied

könig. herz, kreuz. im herz,
am kreuz. du liegst nur still,
nicht ein wort auf deinen lippen,
nicht ein blick in deinen augen. Vergebene
macht, verlorene macht.
aus liebe, stahl. rostiger messerschein im
nebel, ich habe das licht gelöscht.
du, der sich bewegte wie eine raubkatze,
ein gepard, ein tiger, du liegst
nun still schweigend mit flatternden lidern
neben einer roten lache und ich, ich weine, weine
eine träne der schuld
ich werde ihnen erzählen, ich hätte dich so gefunden,
neben dem messer, und mach dir keine sorgen, ich trug
edle handschuhe, als ich es tat. sie werden es nicht merken.
niemand weiß, wie es in
mir aussieht, was für tiefe wunden in mir sind.
endlich bin ich einmal der sieger und glaub mir, gegen
nichts auf der welt tauschte ich diesen flehenden blick, diese
schnellen, heftigen berührungen im wissen, keine
chance mehr zu haben, das gesicht eines
hilflosen kindes, die gellenden, kreischenden schreie.
es macht mich fast verrückt zu wissen, dass ich es war, dass du
nun meinetwegen dort liegst, deine
haut ist schon weiß, deine
arme liegen
schwer auf meinen beinen, deine
schweißnassen hände krallen sich in den schmutz des
erdbodens und nun hörst du zu atmen auf,
nun schließen sich deine verdrehten augen
und lockern sich deine finger aus der erde.
niemand kann mir jetzt
das liebste nehmen, das ich habe, deinen
leblosen körper
in meinen müden armen.
er soll bei mir bleiben
bis auch meine augen sich schließen, bis ein
engel mich aufhebt, mich zu dir bringt und alles

neu beginnt. es war nie, wie es sein sollte, es war
zu schwierig für mich. vielleicht in einem anderen leben, hast du gesagt
und ich wollte uns doch nur diesen wunsch erfüllen, ich
glaubte nicht, dass es so schnell gehen würde, dass ein
leben so plötzlich vorbei sein kann. einen
ersten und letzten kuss will ich noch, dann werde
ich gehen, werden sie dich finden, werden dich wie einen
clown umstellen und beäugen, weil du dich nicht wehren kannst,
weil sie nicht wissen, wie du heißt.
helfen kann dir niemand mehr.   (wartest du da oben auf mich
?)

von wegen allein
beobachtet sind wir
vertrauensvoll offenbarend
meine innersten gedanken
sich in alle welt verbreiten

denn SIE sind da

schamlos
-glotzend
-gaffend
-gierend
-geifernd

SIE sind da

blau
grau
grün
braun
und schwarze härchen

SIE sind da

an der decke hängend
ohne gewissen
über uns
uns bespitzelnd

SIE sind da

wir sind unter vier augen.

nackt, ohne scham
die beine weit voneinander gespreizt
schenkel
schlank, voll glanz
augen
aufmerksam und wach
füße
einem taucher gleich

in gedanken
ihn berührend
frauenlippen
voller ekel
doch der lohn
scheint so
nah
„küss mich, ich bin ein verwunschener prinz!"

„Ein Frosch sein"

Mein Bruder Bär

Das Blut pocht ungleichmäßig in meinen Adern, macht mich verrückt und doch bleibe ich still liegen, hier auf der Sommersonnenwiese, fühle mich fast gelähmt von dem, was in mir vorgeht.
Vielleicht, weil ich es nicht kenne,
vielleicht, weil ich weiß, dass es nicht so sein darf, wie es ist.
Es ist dieser warme, weiche Klang.
Tief, fast schon dumpf.
Wie
eine kuschelige Wolldecke auf meiner nackten Haut.
eine wohlige Massage auf meinen verspannten Schultern.
eine einladende Matratze, bezogen mit rotem Satin.
etwas, in dem man sich vergraben will.
Und wieder:
„Es ist so schön, hier mit dir in der Sonne zu liegen..."
Noch ein Schauer.
Kühler Regen, der in der Wüste auf meine Schultern prasselt.
Mich beinahe erlösend, von allem.
„Ist dir heiß?"
Ich schließe die Augen, sein Körper verschwindet.
Jetzt ist er nur noch der große starke Bär.
„Kommst du zu mir auf die Decke?"
Nein, nicht auf die Decke, unter deine Decke. Bemüh dich nicht, ich hab sie schon.
Sie schmeckt nach Kakao und Himbeereis.
Mit ganz viel Sahne.
Ich liebe Himbeereis.
Mit ganz viel Sahne.
„Hey, möchtest du Milch? Milch mit Honig, mein ich."
Sie fließt durch meinen Körper.
Aber er hat sie mir gar nicht gegeben.
„Hey, Prinzessin!"
Nein, falsch. Nicht Prinzessin.
Räubertochter.
Bär.
Ich höre, wie die mich einnehmende Wärme sich mit etwas Rauem vermischt.
Ich rieche den Zigarettenqualm, aber noch viel mehr höre ich ihn.
Es hört sich an wie ein Synthetikpullover.

Ein bisschen unecht und weniger teuer als vorher.
Aber immer noch schön.
„Ich hab auch die Schokolade mit."
Ja, ich höre es doch. Schokolade ist da auch drin.
Mit kleinen Erdbeerstücken.
Ganz süß.
Keine Diabetikerschokolade.
„Soll ich dich eincremen?"
Danke, reicht schon. Bleib nur liegen.
Du machst das schon so ganz gut.
Einen Sonnenbrand kriege ich ohnehin, wenn du nicht bald schweigst und diese Hitze mitnimmst.
Aber du sollst gar nicht schweigen,
es tut ja so gut.
Wie seltsam das ist.
Ich sollte unsere Eltern fragen, wie sie das gemacht haben.
Das mit dem Bären mein ich.
Immerhin bin ich doch normal.
Aber sie dürfen es ja nicht wissen.

Laborbilder I

Die Laborleiterin denkt nach

Wärend einer Plenumssitzung

Im Spiegel im Textgericht wie bei Alice in Wonderland
Es blitzt die Koordinatorin

Im Gespräch mit Monika Meffert vom Wallstein-Verlag Göttingen

Sonja V. Dinter

Welten

„Mein Gott!" „Du kannst es sehen." sagte sie, ohne mich anzuschauen und ich wusste nicht, ob es eine Frage oder eine Feststellung sein sollte. „Natürlich kann ich es sehen!" rief ich aus. „Wie könnte man denn so etwas übersehen?!" Sie schwieg und ihre Augen waren fest an diese Erscheinung, an dieses grandiose Schauspiel vor uns über den Wellen geheftet, fixierten es mit Willenskraft. Sie war völlig gelassen, ruhig und gesammelt saß sie zu meinen Füßen im sonnenbeschienenen Sand und schien keineswegs verstört oder beunruhigt von dem Anblick, der sich uns bot. Diese Ruhe, in die sie sich hüllte, warf mich allerdings nur umso mehr aus dem Konzept. „Das... ist... einfach unglaublich!" Ich hatte Mühe, nicht zu stottern. „Nein." sagte sie und sah mich nicht an. „Was?" „Na ja, es ist eben nicht unglaublich. Nicht für dich." Ich verstand noch immer nicht. „Das siehst du doch!" Ihr Ton schien amüsiert, wenn auch nicht spöttisch oder ungeduldig. Ich wusste auch jetzt nichts zu sagen und so fügte sie nach einer kurzen Zeit des Schweigens, in der nur das gleichmütige Rauschen der salzigen Meereswogen zu hören war, hinzu: „Sonst wäre es doch nicht da, oder?" „Nun, na ja..." Ich gab auf. Ich hatte ohnehin schon das Gefühl, dass sie mich im Stillen belächelte wegen meiner unbeholfenen Verwirrung, auch wenn ihre Miene unbewegt blieb und ernst, sie ihren Blick, der mich noch nicht einmal angesehen hatte, starr geradeaus gerichtet hielt. Auch ich starrte zum Horizont, fassungslos gefesselt an den Anblick des Phänomens, das sich dort zeigte. Erst jetzt bemerkte ich, dass es nicht still stand. Obwohl – nein. Das war nicht das richtige Wort. Es stand schon still, das heißt es stand reglos und ungerührt in der Luft, wie ein alter Fels in der Meeresbrandung unbewegt in seiner Position verharrt, aber in dem Bild selbst gab es eine Bewegung. Es sah immer gleich aus und doch war es nie dasselbe, gerade so als bestünde es aus einer stetig um sich selbst wirbelnden, veränderlichen Substanz. Ich sah wieder auf das Mädchen herab, musterte sie gründlich und versuchte, diesen in Konzentration wie versteinerten Blick zu durchschauen. Da fiel es mir auf und die unerwartete Erkenntnis ließ mich meine Sprache wiederfinden. „Du bist es. Du... Du machst das!" Jetzt lächelte sie. „Was redest du da? Wie sollte ich denn das wohl anstellen?" Damit hatte sie recht. Wie sollte ein Mädchen, das völlig unverdrossen am Strand saß und eigentlich nur gedankenversunken zum Himmel über dem Wasser hinaufblickte – wenn auch in einer sehr eigentümlichen Art und Weise –

wohl der Grund sein für... das hier. Eine gigantische Masse aus Erde und Gestein, fast wie ein kleiner Planet, der dennoch zwischen Meeres- und Himmelsblau schwebte wie eine Fata Morgana. Aber dieser Planet, oder wie immer man es auch nennen mochte, war echt, massiv und fest wie unter dem Sand der Erdboden, auf dem ich stand, da war ich mir sicher. Ich schaute genau hin. Was war denn das? Ein Gebäude? Ohne Zweifel, ein großer Komplex aus Mauern und Dächern, wie eine Burg, ragte nun aus dem Planeten auf wie eine Krone. Ich konnte mich nicht erinnern, dass er eben auch schon dagewesen war. „Fantastisch, nicht war?" sagte sie mit einer tiefen Zufriedenheit in der Stimme und seufzte. Das Wort schien mir treffend, langsam begann ich an meinem Verstand zu zweifeln. „Das hast du ohnehin schon immer getan." „Wie bitte?!" entfuhr es mir. „Na ja, natürlich doch. Sonst würdest du es ja nicht sehen. Du könntest es nicht. Die meisten Menschen können es nicht." Sie sah auf einmal sehr traurig aus. Doch beinahe ebenso schnell hellte sich ihr Gesicht auch wieder auf. „Aber das Tollste daran ist: Sie liegen hier einfach so herum!" „Sie liegen herum?" wiederholte ich. „Na, sicher doch. Schau dich nur mal um!" Ich war zu perplex, um zu widersprechen und so tat ich wie geheißen. Gut, ich sah Sand, viel Sand sogar und auch ein paar Steine, aber das war doch etwas anderes als ein kompletter, winziger Planet, bethront von einer mittelalterlichen Burg, der einfach so über dem Meer schwebte! „Was meinst du, sie liegen herum? Was liegt herum, wovon redest du?" fragte ich also. „Die ganze Welt besteht doch aus ihnen!" Sie konnte mein Unverständnis noch immer nicht begreifen, sprach aber ruhig und geduldig mit mir wie ein Erwachsener zu einem unwissenden Kind. Dieser Tonfall gefiel mir jedoch nicht, ich wollte mich nicht belehren lassen. „Würdest du dich bitte endlich einmal klar ausdrücken?!" Meine Stimme klang etwas schärfer als ich eigentlich beabsichtigt hatte. „Klarer! Was könnte denn noch klarer sein?" rief sie erstaunt aus. Ich war kurz davor die Nerven zu verlieren und fühlte mich in dieser absurden Situation auch eigentlich völlig berechtigt dazu. „Also gut," setzte sie beschwichtigend hinzu, „ich werd's dir erklären. Pass auf: Nimm den Stein da. Den Stein, den kleinen schwarzen, direkt vor dir." Ich beugte mich herunter. Zwischen all den hellen Sandkörnern lag tatsächlich ein Stein, ein schlichter, kleiner, schwarzer Stein. Wie konnte sie das so genau gewusst haben? Ihr Blick hatte sich die ganze Zeit nicht um einen Zentimeter weit von dem schwebenden Planeten und seiner Burg abgewandt. Andererseits schien sie auch meine Gedanken zu lesen und so zuckte ich nur leicht mit den Schultern und hob den Kiesel auf. „So," fuhr sie daraufhin fort, „und jetzt, jetzt mach die Augen zu. Halt den Stein in deiner Hand und fühle, finde dein eigenes Bild in ihm." Was sollte denn das nun wieder heißen? Für einen Augenblick wollte ich den Stein fallen lassen, dem Wunsch meiner Vernunft nachgeben und einfach lachen und weggehen, aber dann schloss ich doch die Augen und begann, zunächst etwas unbeholfen und skeptisch, den Stein in meiner Hand zu befühlen. Er war hart, ein Stein eben. Aber nicht nur das. Ich konzentrierte mich auf meine Fingerspitzen. Er war glatt und fühlte sich warm an, warm und irgendwie lebendig, fast wie... Aufgeschreckt duckte ich mich, als das Tier flatternd dicht über meinem Kopf hinwegschoss. „Nicht schlecht," lachte sie. „Aber du musst noch viel lernen. Komm, setz dich zu mir. Wir brauchen noch ein paar Ritter für die Burg."

Bildimpuls: René Magritte – Das Schloss in den Pyrenäen

Am Alten Tore

Hier war es also passiert. Sie legte den Kopf in den Nacken, um den Torbogen besser sehen zu können. Er war nicht besonders hoch, insgesamt noch nicht einmal sehr bemerkenswert, doch hatte jeder einzelne der hellen, nur grob behauenen Steine, aus denen er sich zusammensetzte, sein ganz eigenes Profil, das sich über lange Zeit hinweg ausgearbeitet hatte. Sie schienen wie die Gesichter alternder Menschen, in denen sich Charakter und die Spuren der Erfahrungen von Freud und Leid über die Lebensjahre abgezeichnet haben. Nicht viele Leute würden dies überhaupt bemerken, dachte sie. In dieser schnelllebigen Zeit hatte kaum jemand noch die nötige Ruhe des Blickes, um solchen kleinen Besonderheiten seiner täglichen Umgebung Beachtung zu schenken. Und dieses niedrige Tor war darüber hinaus auch noch vergleichsweise unauffällig. Aber nicht für sie, nie mehr würde es für sie etwas Alltägliches darstellen, an dem man immer wieder vorbeiging, ohne es überhaupt zu bemerken. Sie wollte jedes noch so winzige Detail dieses Ortes ausmachen und in ihrem Gedächtnis wohl behütet verwahren, ja verschließen, damit sie es nicht vergessen würde, so wie sie auch sein einst so warmes und lebendiges Gesicht niemals würde vergessen können. Dieses Gesicht, das sie, mit all seinen einzigartigen Zügen, in denen sie sich so oft verstanden und reflektiert gesehen hatte, kannte, vielleicht besser kannte als das eigene. Für immer würde sie sein Bild an ihrem Herzen tragen.
Doch von nun an würde es mit der Erinnerung an diesen Platz untrennbar verbunden sein, so wie ihre Schicksale miteinander vereint waren, die beide hier ihre alles verändernde Wendung erfahren hatten. Schmerz hielt ihr Herz seit vielen Tagen in seiner Umklammerung und sie hatte erwartet, hier seiner ganzen Macht wehrlos gegenüber zu stehen. Aber sie fühlte sich leer, als befände sie sich lediglich im Traum eines Fremden, der diesen vielleicht erschütterte, sie jedoch nicht berühren konnte. Es dämmerte bereits und das zahme, beinahe etwas träge Licht der Abendsonne verband sein Gold in zeitlosem Spiel mit den Schatten des Gemäuers zu einem Muster veränderlicher Kontraste, die gerade wegen ihrer auffallenden Unterschiede füreinander bestimmt schienen. Die Luft war noch immer erfüllt von der Milde des Sommers.
Die Kälte in ihrem Herzen jedoch ließ sie frösteln. Es machte ihr Angst und sie empfand ein an ihr nagendes Gefühl der Schuld wegen ihrer aufkommenden Hoffnungslosigkeit. Sie hatte sich geschworen, den Glauben nicht zu verlieren und viel bedeutender noch: Sie hatte es ihm versprochen, als sie in einer der vielen Nächte aus kühlem Weiß am

Krankenbett seine blasse Hand gehalten hatte. Aber sie wusste nicht, ob er sie gehört hatte, ob er hinter seinen seit langem geschlossenen Lidern, die seine tiefbraunen Augen vor ihr verbargen, überhaupt irgend etwas wahrnahm, sei es Traum oder Wirklichkeit. Die letzten Wochen hatten auch sie erblassen lassen und bis aufs Innerste völlig ausgemerzt, sie war so entsetzlich müde, dass es ihr in manchen Augenblicken selbst schwerfiel, sich den Unterschied zu verdeutlichen zwischen der Realität und dem, was nur in ihrer Fantasie geschah, was in vergangenen, glücklichen Zeiten wirklich stattgefunden hatte und niemals wiederkehren würde. Momente der Freundschaft und Sorglosigkeit, der erdachten Zukunft gewaltsam entrissen.

Ihre Finger suchten die Nähe der rauen Steine des alten Tores, suchten und tasteten nach den tiefen, scharfen Formen. Aber sie konnte sie nicht fühlen. Die ehemals blühende Kraft ihrer Vorstellung zeichnete ihr auch jetzt keine Bilder des Geschehens, das nicht nur ihr Leben für immer verändert hatte. Etwas schnürte ihr die Kehle zu, aber es war nicht die Wut und es war nicht der Schmerz, den sie in den vergangenen Tagen in all seiner marternden Unerträglichkeit kennengelernt hatte. Sie konnte nicht mehr weinen. So sehr sie sich auch wünschte, auf diese Weise in der auf die Tränen folgenden Erschöpfung wenigstens kurzzeitig ein wenig Linderung ihrer Trauer zu verspüren, der Strom war versiegt. Für immer, wie es ihr schien. Nun ließ ihr die bittere Verzweiflung kein Entkommen mehr.

Sie wusste nicht, was sie dazu bewegt hatte, diesen Ort aufzusuchen oder welche Erwartungen an ihn sie tief im Innern gehegt hatte, wonach sie eigentlich suchte. Aber was immer es war, sie würde es auch hier nicht finden. Die Steine des ruhigen, alten Torbogens schwiegen, konnten ihr kein Verständnis verleihen für das was passiert war, gaben ihr noch nicht einmal ein einzelnes Bild preis von dem dunklen Geschehen, dessen stumme Zeugen sie wurden. Auch sie konnten oder wollten ihr keine Antwort geben, auf die Frage, die sie nicht losließ, die sich mit ihren Klauen quälend an ihre Gedanken klammerte, als wollte sie dort für immer verharren. Die Frage warum. Warum er? Er hatte ihnen nichts getan, er hatte sie nicht einmal gekannt. Nur weil er anders war als sie? Das ergab doch keinen Sinn!

Sie lehnte sich mit dem Rücken an die beständige Härte der Mauer, massierte mit schmalen Fingern ihre pochenden Schläfen in dem vergeblichen Versuch, wenigstens deren Schmerzen zu besänftigen. Seit Tagen hatte sie kaum geschlafen, aber die Alpträume hatten sie auch bei Tageslicht und im Wachzustand noch verfolgt. Endlose Stunden hatte sie an seinem Bett gesessen, umgeben von der Farblosigkeit der Wände und der reglosen Stille, dieser unerbittlichen Stille, die in monotoner Regelmäßig-

keit nur durch die Geräusche der Maschinen unterbrochen wurde, die sein schwach gewordenes Leben stützen sollten und ihn doch nur quälten. Die den unsteten Schlag des Herzens wiedergaben, dessen Rhythmus sie einst geteilt hatte; jeder einzelne herzlose Ton hatte ihr das eigene durchbohrt, wieder und wieder. Sie wusste, dass sie diese scheußlichen, sich wiederholenden Töne von nun an in ihrem Kopf immer wieder hören würde, niemals mehr würde sie der Stille lauschen können.
Sie hatte neben ihm gesessen und er war ihr doch so unendlich fern gewesen. Die Erkenntnis, dass sie an seinem Bett gewacht hatte, um Abschied zu nehmen, näherte sich ihr nun, wie ein schleichendes Raubtier seiner Beute, langsam und lautlos, aber unaufhaltsam. Schwäche und Schwindel überwältigten sie, zwangen sie in die Knie. Sie bemerkte den Schmerz an ihrem Rücken nicht, als sie dem vertikalen Verlauf der Mauer folgend an den scharfen Kanten der groben Steine entlang haltlos nach unten glitt. Unter dem Torbogen hockend verbarg sie das Gesicht an den mit den Armen fest umschlungenen Knien und versank im tiefen, uferlosen Meer der ihr noch verbliebenen Emotionen, bis ihre Seele kein Luft zum Atmen mehr erringen konnte. Sie ertrank.
Sie wusste nicht, wie lange sie dort in der schwarzen Leere ihrer Gedanken gekauert hatte, aber als sie sich schließlich zwang, sich mühsam an das Tor gestützt wieder zu erheben, war die Sonne bereits vollständig versunken und jedes Gefühl hatte sie verlassen. Nur die schreckliche Müdigkeit war geblieben, war bei ihr geblieben und hatte ihren Willen gebrochen. Sie hatte verloren. Sie konnte es nicht ändern, konnte nicht mehr kämpfen, die Leere war übermächtig. Es war schon völlig dunkel, als der Weg sie in blindem Taumel durch endlose Straßen zum Krankenhaus zurückführte. Mit kraftlos hängenden Schultern blieb sie vor dem Hospital stehen, den ausdruckslosen Blick ihrer blauen Augen auf den Boden vor ihren Füßen gesenkt. Sie brauchte das Zimmer, das Gebäude nicht zu betreten, nicht einmal an seiner Fassade emporzuschauen, deren kleinste Einzelheit sie inzwischen auswendig benennen konnte, um zu wissen, dass er tot war.

Sommerland

Mit einem gezielten Fußtritt ließ sie die Wohnungstür hinter sich zuschlagen, wobei ihr eine der beiden schweren Einkaufstüten hinfiel, die sie im Arm getragen hatte. Bunt verpackte Gegenstände verteilten sich über den Teppich. Seufzend stellte sie die anderen Sachen vorsichtig auf den Boden und sammelte die verstreuten Einkaufsartikel wieder ein. Wenigstens war alles ganz geblieben. Sie brachte die Sachen in die Küche, ließ auf dem Weg ihren mit Dokumenten vollgestopften Arbeitsordner mit einem Krachen auf den Schreibtisch fallen. Sie würde ihn nicht mehr anfassen, nicht heute. Nachdem sie das Wasser aufgesetzt hatte, lehnte sie sich wartend an den Küchenschrank und verfluchte ihren Vorsatz, das Rauchen endlich aufzugeben. Das Wasser begann zu brodeln und sie suchte sich ihren Lieblingstee aus dem Schrank, um ihn mit der dampfend heißen Flüssigkeit zu übergießen. Ein angenehm vertrautes Aroma entfaltete sich schüchtern im Raum. Sie widerstand dem zur Gewohnheit gewordenen Wunsch, ihren Terminkalender aufzuschlagen und die nächsten Arbeitstage zu planen. Seit Wochen hatte sie ihr Leben nur in unterschiedliche Arbeitsphasen geteilt, sie fühlte sich so ausgelaugt, dass sie die Tatsache, dass sie dringend eine Auszeit benötigte, nicht länger ignorieren konnte. Aber nur dieser eine Tag, mehr konnte sie sich im Moment einfach nicht leisten. Sie nahm den Tee aus der Tasse und verbrühte sich die Finger an dem heißen Papierbeutel. Fluchend ließ sie ihn in das Spülbecken fallen. Dann nahm sie endlich den warme Porzellanbecher, um sich zu ihrem Lieblingssessel im Wohnzimmer zu begeben, wo das alte Buch schon auf sie wartete. Sie wusste, dass dieser Tag zu kurz sein würde, kaum dass sie sich niedergelassen hatte. Etwas Ruhe für eine Tasse guten Tee, ein Buch, etwas Musik und vielleicht sogar um einige Gedanken und Lebensdinge in Ordnung zu bringen – all die Sachen, denen man nie genug Zeit einräumt, die man aber doch braucht und von Herzen liebt. Nur ein wenig Ruhe. Sie hatte einfach zu viel gearbeitet. Halb aus Niedergeschlagenheit, halb aus Wohlbehagen seufzte sie, nippte den ersten heißen Schluck aus der Tasse und schlug das in schlichtem Braun gebundene Buch auf. „Es war einmal..." Der Ton der Flöte war hell und leise, klang nach Ferne und Einsamkeit und sie fühlte, wie etwas tief in ihrem Herzen langsam ahnungsvoll erwachte. Das Papier flüsterte sanft, als sie zu nächsten Seite blätterte. Die geschwungenen Linien der Zeichnung schienen wie der weichen Feder einer trunkenen Seele selbst entsprungen. Die Farben, mit denen sie coloriert war, waren von einer Lebendigkeit, als hätte man es vollbracht, den Ton der Gefühle des Betrachters zu finden und auf das Papier zu malen.

Rauschend berauscht tanzte das tiefe Blau des Himmels um den kleinen goldenen Stern in seiner Mitte, der lachte und blinzelte ihr zu mit seinem Licht. „Mila, Mila, kaum erwacht, das Leben erdacht, die Welt gemacht. Mila, Mila, schau die Nacht!" Und klagend rief auch die Flöte noch immer nach ihr. Der Flügel der Erinnerung hatte ihr Herz bereits mit dem Wind emporgehoben und so lief sie hinaus zur Nacht, um ihm zu folgen. Ihre Füße trugen sie immer weiter fort die endlose Straße entlang, den Kopf in den Nacken gelegt konnte sie den kleinen, glitzernden Stern sehen, wie er mit dem klaren Himmel tanzte. Als sie den Hügel erklommen hatte, nahm die wispernde Stille des Waldes sie auf. Dort im Dunkel sang die Sehnsucht heller und irgendwo rief ein später Vogel. „Mila, Mila, schau die Nacht!" Schon hatte sie im Laufen einen Schuh verloren und die weiche Feuchtigkeit der Erde an ihrem Fuß erfüllte sie mit blanker Freude. Sie fühlte die Geheimnisse dieser Erde um und in sich und schmeckte ihr Versprechen in der Luft, die mit jedem tiefem Atemzug kühlend in ihre Lungen strömte. „Mila! Mila!" Euphorisch breitete sie die Arme aus und folgte gedankenlos weiter dem verlockenden Ruf, der sie hierhin geführt hatte. Ihre Kleider wehten mit dem Wind und färbten sich mit Wasser und Erde, als sie zurück zum Boden sanken. Die Nebelschleier, die im hohen Gras der Lichtung ihre silbernen Teppiche webten, umringten sie in liebevollem Erkennen, um sie zu begleiten, sie schmiegten sich an ihren bloßen Körper und legten sich schützend auf ihre Haut. Das Klingen der Flöte umkreiste den freien Raum, wirbelte in einer hohen Spirale gen Himmel und küsste den runden, honigfarbenen Mond zum Gruß. Das Licht schien gläsern grün in den Freudentränen des noch fernen Morgens, die die Halme der Wiese benetzten und von verheißener Erwartung kündeten. Sie mischte ihren Atem mit dem Wind und die Glut ihrer Wangen mit dem Mondschein, als sie die letzten Schritte zur Mitte der Lichtung rannte. Mit weit ausgebreiteten Armen blieb sie unter dem Rund des Lichtes stehen und atmete tief durch. Ihr Schrei ließ die nachtverhüllten Hügel klingend widerhallen und die Äste erzitternd die letzten Tropfen Schlaf und Traum abschütteln. Der archaische Schrei, mit dem ihr wahres Selbst wieder erwachte, der ihre Seelen endlich befreite und offenbarte: die tierische, die kindliche, die der Engel. Die ehemals schüchterne Flöte fing ihn auf und schoss mit ihm zu den Sternen empor, verbreitete den Ruf, die lang ersehnte Botschaft, in einem Feuerwerk aus süßen Tönen in alle vier Winde. „Schaut nur: Mila. Die Nacht ist wieder!" Ekstatisch vermischte sich der Reichtum hoher Klänge mit dem dumpfen Rhythmus der Trommel, die die Erde erbeben ließ. Sie spürte die Kraft der Schläge untrennbar vereinigt mit ihrem Herzen in jeder Ader ihres Körpers, tief und berauschend, und sie begann im weichen Gras zu tanzen. Ihr Füße schienen jede Bewegung zu wissen und wie von selbst erhob sich ihre Stimme über den Hain, den freien Raum erfüllend, klar und rein wie das Quellwasser des Frühjahrs. Sie sang die alte Melodie in der vergessenen Sprache, die entfesselt aus ihrer Seele emportauchte, wie sie es schon oft getan hatte. Der Gesang tränkte mit seiner Leidenschaft den schon so lange wartenden Boden und ließ die bunten Blumen der Nacht, die im Verborgenen geruht hatten, aus der Erde sprießen, ihre stolzen Köpfe erheben und die leuchtenden Blütenkelche öffnen, um sich in aller Pracht im Tanze wiegen zu können. Und so wie der Klang ihrer Stimme den Wogen des Blütenmeers neues Leben geschenkt hatte, so erweckte die rhythmische Vibration der Erde unter ihren tanzenden Füßen nun die Elfen und Feen aus ihrem Schlaf und lockte sie zur Lichtung, wo sich ihr zarter Flügelschlag mit dem der singend im Wind spielenden Nachtvögel vereinigte. Bald trafen auch die Kobolde und Waldgeister ein, die Hüter der Rätsel und Schätze und die heimlichen Kreaturen, die Reiter des Sternenlichtes, all die geliebten Kinder der Nacht und der Dämmerung schlossen sich der geheimen Schar an und der Wind über der Lichtung war erfüllt vom Geist der kleinen Engel des Feuers und der Erde, der Luft und des Wassers. Mit fortschreitender Stunde verebbte allmählich die Kraft der Trommel, die Freude der Tanzenden jedoch war unerschöpflich. Und als mit dem ersten strahlenden Gold der Morgen sie willkommen hieß, wusste sie, dass endlich wieder Sommer war. Getaucht in dessen helle Wärme betrat sie sein Land mit ihrem treuen Gefolge und mit einem letzten dumpfen Schlag des Glücks erstarb mit einem Mal der Klang der Trommel. „Mila... Mila..." Tränenzart flüsterte die Flöte zum Abschied, noch bevor die herrlich tiefe Ruhe alles in ihre weiche Umarmung schloss. „Auf Wiedersehen..."

inspired by MILA MAR

Winterlandschaft

Klagendes Klavierspiel des Windes
Verblutet schneeverweht
Im Winterkältenschmerz
Eisklares Schweigen
Lässt schwarze Zweige erfrieren
Karges Krächzen
Eines Krähenschwarms
Verhallt tonlos
In der Einsamkeit
Dieser Stille
Kaum erhört nur
Durchzieht einzig ein trauerndes Liebeslied das Land
Als der Tod ein sterbendes Leben weich umarmt
Und es weinend in den Schlaf wiegt
Er singt ihm die leise Melodie des Windes
Bis die Sehnsucht eines Sommertraumes ihm endlich die Hand reicht

Nachtjuwel

Der Umhang gewoben aus Silbertauträumen
Die Stiefel benetzt mit einigen Tropfen Stille
So zog ich allein durch Morpheus' dunkle Wälder
Als unter totem Laub und äschern braunem Staub
Verdeckt für lieblos schnelles Auge
Zwischen grauen Steinen, längst bemoost
Mir plötzlich erglänzte ein lebendiger Schein
Im Nebelschimmern des fahlen Tränenmondes
Ein Kinderlachen!
Verlor hier einst der Augenblick des reinsten Glücks
Begraben unter steinernen Schichten aus Zeit
Hat es im Dunkel still gewartet auf mich
Damit ich es dir finden und schenken kann
Ich beugte mich tief, hob es aus feuchter Erde herauf
Rieb es blank am Mantel aus Traumesfunkeln
Und verzierte es mit dem Klingen deines Namens
Dich zu rufen in nächtlicher Einsamkeit

Rabea Edel

unsere haut
ist dünn geworden
über nacht

wir schliefen uns wund
wir haben uns einander
ähnlich gemacht

die steine im stundenglas
legst du mir den mund
auf die dünnste stelle im rücken

du saugst das fieber
aus meinen schläfen

ich wische dir
die leise blutspur vom mund

so teilen wir uns den morgen

Zu Hause,
das war eine Landschaft

Zu Hause, das war eine Landschaft, flach und
hinter einem Felsen ist es der ganze Horizont, silberblau,
die Nähe bleibt unscharf, die Ferne verschwimmt,
dann das Meer

Zuvor und Zukünftiges, im Mutterleib vernommene Gespräche,
dies graue Glück am Morgen, wenn im Halbschlaf, träumisch
aus Laken geschüttelt, Gespenster das Zimmer bevölkerten,
das Wohnen in Hotels, Rue de Longchamp, auf jedem Stockwerk nur
ein Zimmer, oder Spaziergänge am Ufer mit Blick auf die A2,
mein rotes Kleid,
eine lange Reise

Bilder schieben sich über Landschaften, Landschaften über Bilder

Draußen regnete sich der Monsun ab, zehn Schritte zum
Indischen Ozean, Regen auf Palmfächer, ein Flugzeug kommt
von weither, sinkt tausendfußweise tiefer,
es wird landen

Jeden Abend am Ende der Straße die Abkürzung nehmen,
der Schatten springt stufig dem Licht hinterher, hinter der Bahn
Wolken, als läge die Stadt in einem Tal, es könnte Nachmittag sein,
der Kuß beim Abschied ist jedem ein eigener, was fehlt
ist zu viel,
das aus dieser Stadt eine Landschaft macht

Zu Hause, das Ende eines Sommers, oder der Anfang,
das Streifen durch die Hügellandschaft, Steinbrüche,
eine Nase voll roten Staubs, kleine Katze, einer flüsterte mir
Beeren ins Ohr, rot und ohne Sinn, ich scheute mich
meine Bluse auszuziehen, vom Wald her begann es zu regnen,
am Abend entdeckte ich kleine Wunden
an den Füßen, von den Gräsern im Tal

Ansichtskarten, damit du weißt, wie es aussehen könnte,
Bergpanorama, hellgrüngeflammt, Wald,
vielleicht, mit Nymphen und Farn

In der Kirche hatte der Pfarrer die Heilige Barbara
mit soliden Ketten gesichert, aber es ist wahr, ihr Anblick
ist schön

Projizierte Brunnen, irgendwo unter südlichem Himmel,
Sandalen auf Kies, ein brauner Rücken im Sommerkleid,
im Schatten der Luft stehen, wo der Schamane ein
Schönwetterloch offenhielt über einem Hinterhof im Dorf,
hier durfte es nicht regnen

Zu Hause, schrieb einer meinen Namen an die Hänge
des Dorfes, wo der Wein wächst, der Wind legte sich
auf den Rücken, ein Fenster am Hang öffnete und
schloß sich in einem Windstoß

Aber die Spuren haben sich eingegraben in die Wolkenberge,
die am Horizont quellen, alles innerhalb eines Lichtkreises,
die Ruhe glatter Wasserspiegel, Ton tötet
Ton, die Ruhe in dir

Zu Hause, das war eine Landschaft und hinter einem
Felsen ist es der ganze Horizont, silberblau

jagd

deine gitter-
netzhaut so
dünn das rot
der münder
wie die worte roh
im schoß bin ich
in dir
auf jagd

komm
ich leg dich
ins moos
meine zähne
schmecken
nach schwarzem
holunder

was bleibt
auf die
fläche
gespiegelt
dein stern-
bild
zur nacht

ich decke es zu

... und Laura

November ist die Zeit der Vogelzüge. Lilienthal stürzte ab. Lindbergh überflog den Ozean, laut Logbuch, in dreiunddreißig Stunden. Das ist der Himmel. Berlin war grau, krank und herrlich. Es reichte nicht. Über der Stadt lag ein Geräusch, das nur in Geschichten vorkommt und die Entfernungen verringerten sich. Diese Stadt machte alles wahrscheinlich.
Ich wollte in einer Stadt leben, deren Sprache ich nicht verstand. Deren Schrift und Schilder, Verbote und Straßennamen ich nicht verstand. Wie das Leben sich in Formen einrichtet, denen eine Dimension fehlt, waren viele Dinge nur ihr Geräusch. Äste schlugen ans Fenster, Zäune brachen, die Luft staute sich. In der Nacht hörte ich das Kreischen der Kräne im Wind.
Im Frühjahr gehörte das Haus in dem ich wohnte zur Innenstadt. Dann war der Garten im Hinterhof eine Landschaft, dort begann ein neuer Wald. Aber im Winter waren die Bäume nur noch aus Holz. Nachts wurde es kalt auf meiner Etage, ich schlief im Bett unter Decken aus Schnee, jeden Abend machte ich Schablonen für den Tag. Ich schlief bis der Traum weh tat. Der Traum des Mädchens, das schon vor dem Schlaf sein Bett verlassen hat. Die Haut des Mädchens war wächsern. Dann erwachte ich, erinnerte mich, aber meistens war es zu spät.

In diesem Jahr schneite es tagelang, das hätte eine Geschichte provozieren können und ich könnte mich erinnern.
Hol mich ab, hatte sie gesagt. Wo, hatte ich gefragt. Das sei egal. Irgendwo, wo man ankommt.

Die fünfte Zigarette ist immer die Enttäuschung über etwas. Das unerwartet späte Eintreffen des Zuges. Ich spürte plötzlich, daß ich Hände hatte, die Blicke verirrten sich im Liniengewirr. Ich begegnete dem Lächeln eines Blinden. Vielleicht klammerte ich mich da schon an die Passanten.

Wenn man die Haut berührt, wird sie weicher. Mir lagen Sätze im Kopf herum, lauter solche Sätze.

Sie trägt einen Mantel, sobald der erste Schnee fällt. Wir gehen in den Park, wir treten auf Holz. Über der Bahn liegen Wolken, als läge die Stadt in einem Tal. Sie spricht nur von den Menschen, denen sie auf der Straße begegnet ist. Bruchstellen: der Bogen der Augenbrauen, ihre Mundwinkel und Kinderhände. Wie sie mit den Wimpern vorangeht. Sie schaut, sie erschaut sich meinen Blick. Die Lichter der Straßenlampe schwimmen wie Fische in ihrem Haar, ihre Schultern immer voraus, Winterfeldplatz, eine Stunde nach Wein und Tee, niemand zündete eine Kerze an, und es wird nur ein Versuch sein, die Cafes nach ihr zu betreten.

Das Licht wird sich ändern und ich werde alle Sätze durchstreichen. Die nächsten Wochen verbringe ich in einem weichgezeichneten Film.

Es gibt keine kältere Farbe, als die des Berliner Himmels im Winter; bestanden die Tage daraus, sich zu einer unbestimmten Stunde in einem Park, auf einer Bank, in einem Cafe zu treffen. Manchmal küßten wir uns, als hätten wir den Mund voller Lebendigem, voller roter Blumen oder kleiner Fische. Die Luft war blau an solchen Tagen, der Horizont bestand aus einzelnen Entfernungen, das Licht stürzte vom Himmel und wir nahmen es in die Hand. Ein unentwegtes Zucken und Stürzen aus Blau und Glanz. Als könnten Berührungen schmerzen.

Ich mußte mich fallen lassen, jeden Abend, in eine beliebig andere Nacht. Denn alles was ich tat, bedeutete wegzugehen und anzukommen.

Im Aufzug dann; ich erinnere mich, ich erinnere mich gesagt zu haben, ich sehe sie, und erinnere mich ihr gesagt zu haben, im Winter seien die Bäume auch nur aus Holz, erste Etage, das Wetter, achte zwölfte Etage, seit der Antike sei die Verführung mit der Kriegskunst gleichzusetzen, fünfzehnte Etage, jede Schnecke habe männliche und weibliche Organe, bei der Liebe stoße eine der anderen einen Kalkdolch in den Körper, zwanzigste Etage, dieses Haus habe zu viele Stockwerke, wenn sich einer... , dann dauere der freie Fall bis zu vier Sekunden; - ihr Lachen, das größte Glück sei es, ein Gummiband im Höschen zu haben - ; als ob sich die Nacht im Kopf hinabsenkt, die Vorstellung von der Stadt als Zimmer.

Zu wenig Schlösser für zuviel Luft, und eines Tages werde ich den Weg finden in eine andere Stadt, dann werde ich ihren Namen sagen können ohne mir die Zunge zu verletzen.
Ich halte die Zeit an, so lange ich will.

Die Sonne geht schon am Nachmittag unter und es riecht nach Schnee, mitten im November. Wir schweigen. Wir sehen uns an. Wir lieben uns. Wir lassen unsere Körper lieben. Wir schweigen. Aber es bleibt die Haut, die wir einander wund tasten. Später wird sie sich waschen, sie wird sich anziehen und an meinem Rücken einschlafen. Vielleicht werde ich weinen, später. Weil sie weinen wird.
Einmal erzählte sie, das Meer sei über Nacht größer geworden. Es klang wie ein Kinderlied, es klang wie ein Schlaflied, es klang nicht schön.

Vielleicht werde ich altern, ohne zu wissen, sie erwartet zu haben, in den Cafes, auf den Bahnhöfen, werde ich mich im Eisenbett meiner Kinderzeit ertränken. Versuchte ich ihr Handgelenk mit meinem Finger zu umschließen, wartete am Ende der Straße ein Engel auf sie, auf mich, mit verklebten Flügeln.

Als ändere sich das Bild ein weiteres Mal; die ganze Stadt in marmorner Stille erstarrt. Die Schatten der Bäume pechschwarz. Und Laura. Die neben mir ging. Und vielleicht irre ich mich, vielleicht verwechsle ich diese Stadt, diesen Winter mit dem, wovon ich dachte, daß es mir hätte zustoßen müssen.
Da war mein Bett, das nach Körpern roch; nach Haar und nach einer Frau. Doch mein Bett war von der Stadt getrennt. Am Morgen wachte ich auf

und wußte es, weil etwas fehlte. Ich streckte die Hand aus und berührte die Stadt, das, was sich am Fenster abzeichnete. Und plötzlich war alles ein Netz aus Straßen, Menschen, Monaten, Entfernungen. Laura. Wie mit Tusche gezeichnet. Und das Winterende ein Spiegel.

Kirsten Lang

An den Feldherren,

Größter aller Krieger, selbst jetzt, da ich Ihnen schreibe, kann ich meine Dreistigkeit nicht fassen, ebensowenig die Ehre, solltet Ihr den Brief tatsächlich als des Lesens wert erachten. Seid gewiss, ich erwarte keine Antwort, dass einzige, das ich erhoffe, ist, dass Ihr meinen Rat bedenkt.
Denn also, an meinem Hofe erschien vor einigen Tagen ein Weib, eher noch Mädchen, woher weiß niemand, in den seltsamsten Gewändern. So trägt sie Hosen gleich den Männern, was schwerer jedoch wiegt, die Kleider, welche ihr angeboten worden - sofern sie sie annahm - änderte sie sofort geschickt, bis sie sämtlichst die Knie freiließen.
Ein Skandal an meinem Hofe.
Sie selbst sagt, dass sie einem fernen Lang, sogar einer anderen Zeit entstamme, wo ihr Benehmen frei von aller Liederlichkeit gelte. Mein Hofmagier gab an, dass solche Fälle denkbar, jedoch selten, seien.
Ich ließ ihre Geschichte vorerst gelten, da ihr Haare rot – somit also von der Farbe der Hexen – sind. Ihre Gestalt ist groß, schlank, jedoch mit partienweise offensichtlichen Formen, die jeder Eckigkeit absprechen.
Des weiteren hat sie schon bald einiges Wissen gezeigt, sie liest - ja schreibt sogar - fließend in der Sprache des Volkes, sowie ist sie in einigen anderen Sprachen nicht gänzlich ohne Fähigkeiten.
Ihr Name ist nach eigener Angabe „Kirsten", was den Verdacht bestärkt, dass sie von weit her komme, denn niemals hörte ich solchen Klang in meinen oder angrenzenden Ländern.
Ihr Benehmen war am Anfang von Höflichkeit geprägt, sieht man von den erwähnten Fehlern ab, jedoch, nachdem sie sich eingelebt hatte, verließ sie schnell ein großer Teil der offensichtlich vorhandenen Manieren: Ihr Ton nahm kameradschaftlich, rohe Formen an, die in ein Feldlager passen mögen, in den Damengemächern aber schnell in Ekel oder Entsetzen endeten.
Letztendlich war sie ebenso mit meinen Weibern nicht im Reinen, die ihr träge erschienen. Die Hexe zieht es vor die Tore, sie schwatzt dort mit den Männern, oder stromert in den Wäldern. Sie fragt mich, was jenseits meiner Grafschaft liege; ich erzähle ihr bei diesen Gelegenheiten von dem Reich, dass ihr erschaffen habt, in dem alle Wesen friedlich vereint leben, vom Krieg an den Grenzen, sowie von all den mannigfaltigen Schönheiten, welche Boden, Stein oder Pflanzen in diesem schönsten aller Reiche hervorbringen.

Da ich ihre seltsame, freie Art mit der Zeit schätzen gelernt habe, geht es mir ans Herz, wenn ich ihr Fernweh bei diesen Worten wachsen sehe.

Ich verstehe wohl, dass sie das Wandern liebt, denn wer ein solchen Weg hinter sich bringt, wie sie es zweifellos getan hat, bis sie meine Feste fand, dem kann die Beschränktheit einzig lästig sein, wenn einem eine ganze Welt geboten wird.

Sie ist kräftig, bereit für harte Arbeit, sie gefällt ihr sogar. Selbstverständlich will ich sie nicht in den Krieg schicken wie einen meiner Soldaten, aber ich weiß wohl, dass der größte aller Feldherren einen regen Bedarf an Boten hat, die seine Befehle in alle vier Winde tragen, ohne dass der Feind sie bemerkt.

Jetzt frage ich mich, gibt es einen Boten, der versteckter ist als ein Weib, die, bewaffnet vielleicht mit einem Dolch, nicht mehr, über die Landstraßen reitet? (Denn das Reiten ist eine weitere ihrer Fähigkeiten, wie sie schwört.)

Ihr wisst jetzt, was mein Begehr ist, wenn ihr mir beipflichtet, schickt mir Botschaft, aber fragt erst den Offizier, der die Botschaft brachte, wer sie *ihm* brachte. Ihr werdet erfahren, dass es ein Weib mit roten Haaren war.

Im kalten Tale

Der Nebel liegt im Tal wie eine klamme Decke. Wie ein fedrig feuchter Kuss. Der Morgen ist fahl auf den Hängen und die Sonne versteckt sich hinter Schutzwällen aus Grau. Im Tal tropft Wasser von alten Tannenzweigen und versickert geräuschlos in Moos voller Spinnweben. Der Nebel kriecht über den Boden, er klebt in den Bäumen und nagt sich feuchtkalt bis in die Knochen. Zwischen zwei Weiden, die sich kummervoll über ihn neigen, und neben einem weisen, grauen Findling liegt ein Mann auf dem Boden. Der Nebel streichelt ihm den Kopf, so dass sein schwarzes Haar nass glänzt und sich eng an den toten Kopf schmiegt.
Der Mann liegt auf der Brust, niemand weiß, mit welchem Gesichtsausdruck er dem Tod begegnete und ob er ihn überhaupt kommen sah, denn das Messer steckt in seinem Rücken. Der Nebel hat es sorgsam blankgewaschen, er haucht es an und spiegelt sich darin.
Später, irgendwann, wenn der Nebel fort ist und die Sonne einen Angriff wagt, werden vielleicht Menschen kommen, die den Mann finden und versuchen, ihn fortzubringen. Aber es wird nicht gelingen, denn er ist bereits Teil des Tales, wie die beiden Weiden und der Findling, die ihn behüten. Er war immer hier, nicht wahr? Gewiss doch.
Und der Nebel wird wieder kommen und freundlich sein und er wird bald, noch nicht, die Winterkälte mit sich bringen, die den Findling, die Weiden und den Boden sorgsam berührt und dem Mann eine Gruft aus Silber und Perlglanz beschert. Aber noch ist es nicht soweit, noch ist die Erde weich und anschmiegsam und tröstlich für den Mann, der die Kälte nicht mehr fühlt. Der Nebel wispert ihm etwas ins Ohr, und wäre sein Gesicht nicht bleich und tot und würde es nicht zwischen Gräsern und Wurzeln und schwarzer Erde liegen, der Mann hätte beinahe gelächelt.
Weit fort für einen Mann, der nicht mehr gehen kann, hat der Nebel, der in den Bäumen hängt und alles sieht, etwas gefunden. Er ist freundlich und umarmt es mit feuchten Fingern und macht es offen für die Kälte, die gleichgültig hereinschleicht und an die Knochen klopft, die spröde werden und schmerzen, die lächelnd-herausfordernd das Herz kitzelt, bis es nervös wird und versucht davonzulaufen. Der Nebel hüllt die Füße ein und raunt ihm Geschichten zu, von dem Mann unter den zwei Weiden, der bald im Silberpalast schlafen wird, und streichelt es mit Tropfen, die langsam und kühl aus den Haaren fließen und über Hals und Brust und Rücken rollen.
Die Bäume flüstern. Sie strecken sich und wollen es erreichen ...

Später, irgendwann, wenn der Nebel fort ist, und die Sonne einen Angriff wagt, werden vielleicht Menschen kommen und den Mann finden, der starr, mit Entsetzen in den Augen, und tot im Wald steht. Der mit dem Boden verwachsen ist und in dessen Gürtel das Messer fehlt.

Jagdlied, Mondlied, Blutlied

Senira spürte, wie der Mond sie lockte.
Sie krallte sich in die Bettdecke, zog sie hoch bis über den Kopf und wühlte sich tief in die Kopfkissen. Es half nichts.
Seidige Finger strichen über ihren Körper, zart, so zart, spielten mit ihr, neckten sie, trieben sie in den Wahnsinn. Es gibt keine Finger! Es darf keine Finger geben!
Der Mond starrte sie an, betrachtete sie, brachte sie auf mit seiner käsigen Gleichmut und schien Senira selbst doch gar nicht zu beachten. Er beschäftigte sich mit etwas in ihr.
Etwas, das heraus wollte, aber noch zu schwach war.
Das weiße Licht, das durch den schmalen Fensterspalt fiel und Streifen auf ihr Fußende malte, nährte es, ließ es wachsen und stark werden. Ein leises Lied schwebte heran, klebte in ihren Ohren und sang von verführerischen Dingen, die auf sie warteten. Von Aufregung und Gradlinigkeit, von feuriger Existenz und nie gekannter Freiheit, frei von allen Regeln.
Senira hörte das Lied schon so lange, sie konnte sich ein Leben ohne seine nächtlichen Besuche nicht mehr vorstellen. Es wurde stärker.
Schleichend, unmerklich, heimlich, mit jeder Nacht wurde es lauter, eindringlicher, deutlicher.
Es war wild und schön wie eine Orchidee. Und ebenso giftig.
Sie heulte auf und hielt sich die Ohren zu.
"Sei still!" brüllte und wimmerte sie gleichzeitig. "Laß mich in Ruhe, elendes Weißauge!" Inzwischen hatte sie mehr Namen für den Mond als für die Liebe.
Aber natürlich hörte es nicht auf. Im Gegenteil, sie spürte, wie sich das Licht über sie lustig machte, wie es kicherte, angesichts ihrer nutzlosen Wut. Nein, nutzlos war sie nicht. Aber es war auch nicht mehr ihre Wut. Das Wesen in ihr ergriff und verdrehte sie, fügte sie seiner eigenen hinzu.
Ergriff auch den kläglichen Rest ihres Selbst und verdrehte ihn. Es war endlich stark genug. Der Mond glühte auf ihrer Haut, setzte sie in Brand.
Senira spürte, begriff mit jeder Faser ihres Wesens, dass die Dunkelheit von nun an tödlich für sie war und ihr eigener Körper nur noch den Tag ertragen konnte, und dass sie verloren hatte.
Ihre Knochen schmerzten und wurden spröde, brachen splitternd und wuchsen neu zusammen, während ihr Fleisch heiß wurde und zähflüssig. Jedoch schien all das nicht sie zu betreffen; es war nicht länger ihr Körper, der da zerbrochen wurde, selbst der Schmerz war seltsam fern. Sie wollte sich noch einmal bewegen, schreien, ihre Eltern warnen, weglaufen, sich die

Regungslos betrachtete Varren die Abdrücke im Schnee. Er spürte die Verheissung, die von ihnen ausging, wie einen Funken, der in seinem Inneren zu glühen begann.

Es war keine Wärme oder gar Freude, die von diesem Glühen ausging, es war das Wiedersehen mit etwas Langvermisstem, das nicht unbedingt gut war (oder böse), sondern einfach ein Teil seines Lebens. Eine Gewissheit.

Die Sonne schlich sich über den Horizont und zog sämtliche Schatten blässlich in die Länge, verwischte die Kontraste, hüllte die Landschaft in ein farbloses Graublau.

Er mochte diese Tageszeit nicht. Varren bevorzugte den Tag oder die Nacht, echte Zeit – aber nicht dieses leere Dazwischen, wenn die Welt selbst nichts mit sich anzufangen wusste.

Er war gross und sehr schlank, abgehärtet von einem Leben im Freien, und sah auf eine kalte Weise gut aus.

Sein Gesicht erinnerte an das eines Fuchses, ebenso spitz und verschlagen, aber auch ebenso feinknochig. Tief liegende, dunkle Augen glitten geübt über den Boden.

Hier verlief eine Grenze, fast unsichtbar, nur der Unterschied zwischen Weiss und Grau. Dort, auf dem steinernen Abhang, dem letzten Ausläufer der Berge, wischte der Wind die Flocken fort, kaum dass sie sich niedergelassen hatten. Hier, nur wenige Schritte weiter, wurden die Anzeichen eines möglichen Lebens im Sommer häufiger. Einsame Tannen, vereiste Gräser, kahle Büsche – sie alle hielten den Wind zurück.

Hier musste man suchen.

Finger, geschützt durch mehrere Lagen Fell und Stoffe, strichen schliesslich erstaunt, aber zufrieden durch die schwarzen, ehemals kurz geschorenen, inzwischen jedoch verwilderten Haare.

Mit der Geläufigkeit jahrelanger Erfahrung prüfte er den Sitz der Armbrust, die auf seinen Rücken geschnallt war, (Er korrigierte ihn um eine Winzigkeit, ohne es wirklich zu bemerken) und überzeugte sich noch einmal von der Schärfe des Waidmessers an seiner Seite.

Kehle durchschneiden... aber es war zu spät.
Alles, was sie herausbrachte, war ein würgendes Keuchen, das abrupt in ein schmerzgepeinigtes Heulen überging. Man schleuderte sie zurück, verbannte sie und erlaubte ihr nur, hilflos mit anzusehen, wie der Wolf aus ihren zerwühlten Laken sprang, in den Nachbarraum hetzte, ihre Eltern zerfleischte – ihre Mutter versuchte noch, ihr eine Warnung zuzurufen – halb auffraß, gelangweilt liegen ließ und in den Wald flüchtete.
Senira tat nichts. Konnte nichts.
Sie kauerte sich zusammen, starrte durch die Augen eines wahnsinnigen Tieres und wagte nicht zu denken. Sie erinnerte sich, wie er ihre Wut genommen und umgeformt hatte, wie sie zerbrochen und, als unwichtig eingestuft, vergessen wurde. Um keinen Preis wollte sie wieder auf sich aufmerksam machen. Der Wolf hetzte durch den Wald und über Felder. Das Blut raste durch einen Körper, der einst menschlich gewesen war, und mit ihm jagte das Lied. Es war jetzt frei.
Losgelöst von allem, fordernd und wild, gierig nach Blut. Senira spürte das Lied wie ein leises Echo, längst nicht so eindringlich wie früher, als es noch durch sie hindurch musste, um den Wolf zu erreichen.
Sie versuchte durchlässig zu werden, zu verschwinden, wie es mit ihrem Körper geschehen war, und nicht an ihre Eltern zu denken. Sie spürte das warme Fleisch noch immer in ihrem Magen.
Am Morgen kam der Schmerz zurück. Er kam im gleichen Maße, in dem der Mond verblasste und das Licht stärker wurde. Er zog und zerrte, Senira hätte alles getan, um ihm zu entkommen. Auch der Wolf spürte es. Er wurde langsamer, torkelte unsicher und jaulte. Schließlich rollte er sich, von Krämpfen geschüttelt, zusammen. Senira wurde gepackt und herausgeschleudert aus ihrer dunklen Ecke, und der Wolf trollte sich mit eingezogenem Schwanz dorthin, von wo auch immer er gekommen war.
Sie hatte also ihren Körper wieder, der schmerzte und steif war, fror und von dem sie wusste, dass er ihr bald wieder genommen werden würde. Taumelnd stand sie auf, frierend ohne ihre Kleider, und quälte sich auf den schmalen Saum des Waldes zu, der in weiter Ferne lag und in dem vielleicht wenigstens der Wind nicht ganz so schneidend wäre.
Am Abend kam der Wolf zurück. Senira war so hungrig und verfroren, dass sie keinen Widerstand leistete. Wenig später waren sowohl Kälte als auch Hunger vergessen.
Sie lernte, zu ignorieren, was der Wolf tat, und sich nicht mehr gegen ihn zu wehren. Sie machte sich keine Illusionen. Sie brauchte ihn zum Überleben. Wenn der Wolf jagte, und er jagte ausschließlich Menschen, zwang sie sich, an etwas anderes zu denken und nicht darauf zu achten, was die fremden Sinne ihr zeigten.

Varren war Jäger.

Er war an die Einsamkeit dieses Berufes gewöhnt und daran, sich auf sein eigenes Urteil zu verlassen. Er mochte es.

Sich selbst vertrauen zu können, zu wissen, dass er gut in etwas war, sein Ziel erreichen würde, dieses Gefühl stellte sich in Momenten wie diesem ein, und das war der eigentliche Grund, der ihn an dieses Leben fesselte. Die Jagd zu beenden, das Tier zu stellen, zu besiegen, war angenehm, aber er wusste, dass ein Jäger zum Jagen da war, nicht zum Töten, denn ohne Beute gab es keine Jagd.

Was nichts daran änderte, dass eine Jagd ohne Ende auch keine Jagd war.

Doch jetzt konnte er endlich beginnen. Die Spuren zeigten ihm zweierlei:

Er hatte Recht gehabt mit seinen Vermutungen über das Verhalten der Beute. Sie war den Weg gekommen, den er erwartet hatte.

Wäre er näher gewesen, die Jagd hätte schon an dieser Stelle beendet sein können.

Ein Teil von ihm hätte das sicherlich bedauert. Aber nur ein kleiner Teil; die Stimme war leise, nicht so eindringlich, wie die andere, die ihn an seine Pflicht als Jäger erinnerte, nichts unnötig auszudehnen.

Und sie war jede Jagd wert, denn sie gehörte nicht ins Leben.

Andere Beuten dienten einem Zweck. Sie sorgte für Nahrung, Kleidung oder Werkzeuge.

Manchmal diente sie auch nur dem Stolz des Jägers. (Was Varren aber für eines wahren Jägers unwürdig hielt. Sie protzen nicht, sie tun ihre Arbeit.)

Noch seltener wurde getötet, weil das Tier zu einer Bedrohung für den Menschen wurde.

Aber solche Beute hatte vor ihrem Ende auch das Recht gehabt zu leben. Hätte Varren einen weniger einsamen Beruf gehabt, er hätte wohl weniger über diese Dinge nachgedacht. Er war kein Denker, hielt nicht viel von den gelehrten Disputen, an denen die Magister so viel Freude fanden und an deren Ende angeblich jeder Weiser wäre. Aber es gab niemanden zum Reden, Feiern oder Schlagen, also, was konnte er anderes tun als grübeln?

Sie gewöhnte sich sogar an die Schmerzen der Verwandlung. Morgens gaben sie ihr den Körper zurück – auch wenn sie nicht viel mit ihm anfangen konnte – und am Abend kündigte er das Ende von Hunger, Kälte und Demütigung an. Sie verbrachte den Tag zusammengerollt, zitternd vor Kälte, um sich selbst, ihre Eltern und all die anderen weinend.
In einer Nacht, der das Mondlicht nur ein schwacher Schimmer war, das Lied aber nichts von seiner Kraft eingebüßt hatte, überfiel der Wolf eine Reisegruppe.
Senira achtete kaum darauf, was um sie herum geschah, sie versuchte sich an ein Märchen zu erinnern, das ihre Mutter ihr einmal erzählt hatte. Sie wurde mehr und mehr zu einem geduldeten Parasiten, der seinen Nutzen aus dem Herren zog, und ertragen wurde, weil er keine Bedrohung darstellte. Was interessierte sie der Wolf?
Aber plötzlich blieb er stehen.
Das tat er sonst nie.
Er riss und rannte, sprang und tobte, fetzte Fleisch aus vielleicht einmal geliebten Wesen, aber er sah sich nicht um.
Genau das tat er jetzt. Und Senira mit ihm, denn ihre Neugierde war geweckt. Wenn der Körper ihr gehört hätte, hätte sie sich beim Anblick des Lagers übergeben. So blieb es bei würgender Übelkeit.
Inmitten der Verwüstung, auf einem winzigen Schneerund, das noch unberührt war, saß ein kleines Mädchen in eine Decke gewickelt und betrachtete sie aus ruhigen Augen.
Sie, nicht den Wolf!
Senira konnte es nicht fassen. Das Mädchen lächelte ihr zuversichtlich zu und befreite einen schmalen Arm aus der Decke um zu winken. Sie war vielleicht zwei Jahre alt und hatte zerzauste braune Locken, die wild von ihrem runden Kopf abstanden.
Der Wolf starrte sie an, knurrte tief in der Kehle und entblößte die Zähne. Dann sprang er. Das Mädchen sah ihm ruhig entgegen.
Nein! brüllte Senira in Gedanken und sprang aus ihrer dunklen Ecke nach vorne.
Zum ersten Mal spürte sie den Wolf wirklich, hörte die volle Kraft des Liedes, denn in diesem winzigen Augenblick war es auch ihr Lied.
Sie wollte das Gefühl versiegenden Lebens zwischen ihren Zähnen fühlen und das heiße Blut trinken, das die anmaßendsten aller Geschöpfe vergossen, wenn sie erkannten, dass sie am Ende doch geschlagen waren. Sie freute sich auf den Moment des Bisses und auf das Wissen der Kraft und Freiheit, das damit verbunden war.
Es war ein winziger Augenblick, weniger als der Moment, in dem sich der Wolf vom Boden abdrückte, aber er reichte aus, um Senira fast wahnsinnig

Varren schritt kräftig aus, während er den Spuren folgte. Sie waren alt, er brauchte noch nicht vorsichtig zu sein. Der Schnee war nicht tief und behinderte ihn kaum.

Beständig näherte er sich dem Wald. Er ahnte, dass dies das Ziel seiner Beute war, aber wer wusste wirklich, wie sich ein solches Wesen verhalten würde? Niemand. Vielleicht würde es noch eine ganz andere Richtung einschlagen.

Am nächsten Morgen fand er etwas Besonderes. Sie löschte seine letzten Zweifel aus. Eine Wälzkuhle. Sie war annähernd rund und stammte offensichtlich von seiner Beute. Unmengen von schwarzem Wolfshaar, viel zu viele für ein normales Tier, klebten im Schnee und froren dort langsam wieder fest. deutlich war zu sehen, wie es sich unruhig gewälzt und gedreht hatte, als leide es Schmerzen. Die Spuren, die das Nest schliesslich verliessen, waren menschlich.

Varren starrte die Spuren lange an. Tausend Gefühle vermischten sich in seinem Inneren; Angst gehörte nicht dazu.

Das Dorf, in dessen Auftrag er hier war, hatte ihm als Beweis die zerfetzten Leichen eines Bauernpaares gezeigt, und obwohl Varren viel ertragen konnte, war ihm schlecht geworden. Nicht wegen der Verletzungen, Tiere konnten weit schlimmeres anrichten. Menschen auch.

Aber etwas, das beides war und nichts richtig, war ein Frevel, ein Verbrechen gegen die Natur oder ein lausiger Scherz ihrer selbst.

Wenn etwas, egal ob Mensch oder Tier, alles verliert, was es ausmacht, dann ist es tot.

Varren runzelte die Stirn. Solchen Gedanken hing er nicht gerne nach.

Aber wenn ein Mensch zum Wolf wird, stirbt er nicht, trotzdem ist er kein Mensch mehr, bis die Sonne wieder aufgeht. Und der Wolf stirbt am Morgen nicht, er kommt jede Nacht wieder.

Magie gefiel Varren überhaupt nicht.

Die Welt war ein gefährlicher, und ein schöner Ort. Beides bereits in mehr als ausreichendem Masse.

Magie war zu nichts anderem gut, als einen der beiden Bereiche zu verstärken
-

werden zu lassen.
Sie war doch immer noch ein Mensch, kein Monster, schrie sie verzweifelt und versuchte, sich von den klebrigen Wünschen des Tieres loszureißen.
Von sich selbst angeekelt spürte sie die Kraft versiegen und wurde gelangweilt auf ihren angestammten Platz zurückgewiesen.
Aber das Mädchen war verschwunden.
Als der Wolf landete, schnappten seine Kiefer ins Leere, und die kleine Gestalt hatte nicht einmal einen Eindruck im makellosen Schnee hinterlassen.
Doch die Augen der Kleinen ließen Senira nicht mehr los.
Sie lag zitternd in einem Efeu Dickicht und wartete auf die Nacht, während das Mädchen in ihren Gedanken lächelte. Sie wärmte sich an diesem Lächeln wie an einem persönlichen Glücksstern.
Wo war sie jetzt? Wie hatte sie so schnell und spurlos verschwinden können? Ob sie es warm hatte? Sicherlich. Sie hatte ja die Decke.
In der nächsten Nacht sah sie das Mädchen wieder. Es saß ganz allein mitten auf einem Weg im Wald und winkte ihr schon von weitem. Siegessicher beschleunigte der Wolf seine Schritte. Senira konnte nichts dagegen tun. Sie hasste ihn in diesem Augenblick und wartete gleichzeitig ängstlich darauf, dass er ihren Hass wieder nehmen und sich selbst hinzufügen würde; aber nichts geschah.
Der Wolf wurde schneller. Ihre Gedanken rasten. Sie sah, wie sie sich immer weiter näherten und das Mädchen selbstvergessen mit der einen Hand an ihren Locken zupfte, während es weiterhin auf sie wartete.
Nicht sie. Alles, jeder, nur nicht dieses Mädchen.
Sie spürte die gleiche Stärke wie zuvor, den unglaublichen Trotz, das Sich-nicht-mehr-fügen, während der Wolf immer kräftiger ausschritt. Sie schmeckte seine Vorfreude.
Die gelassenen, weisen Augen durchbohrten sie, ohne jede Angst, warteten einfach. Und wie am Tag zuvor warf sie sich nach vorne, tauchte in das Lied, ließ sich mitreißen, versuchte, Mensch zu bleiben. Und versagte erneut jämmerlich. Sie würde dieses Kind mit Vergnügen töten.
Sie konnte das höhnische Lächeln des Wolfes fühlen, mit dem er sie zurücksetzte wie ein ungehorsames Kind. Das Mädchen war erneut verschwunden.
Und irgendwie wusste Senira, dass sie dieses Mal eine Winzigkeit länger stand gehalten hatte als gestern.
Auch in der folgenden Nacht war sie da und in der Nächsten und in der danach. Irgendwo einsam in der Wildnis, in einer Siedlung oder der Hütte eines Waldkätners. In jeder Nacht kämpfte Senira für sie gegen den Wolf. Und verlor.

Und nach Varrens Erfahrung war es fast immer der Gefährliche.
Er hatte etwas gegen Ungleichgewichte.
Also, er lächelte grimmig, als ihm klar wurde, wie einfach das Leben trotz allem war, *würde er das Ungleichgewicht beseitigen und den Werwolf töten.*
Einen Werwolf hatte er noch nie gejagt.
Varren mochte Herausforderungen. Es gab nur noch weniges für ihn, das neu oder schwierig gewesen wäre. Vielleicht würde dies eine Jagd werden, die es wert war, erinnert zu werden.
Er dachte an seine erste Jagd.
Ein Junge, vielleicht fünfzehn, der sich aufmachte, um einen Hirsch zu erlegen. Er hatte Tage gebraucht, um die erste Spur zu finden und wäre beinahe verhungert. Aber die Verfolgung aufgeben, das konnte er nicht mehr. Er hatte den Bock schließlich erlegt.
An diesen letzten Blick seiner ersten Beute dachte er oft. Für ihn war er der Inbegriff der Jagd.
Die Tage vergingen, ohne einen bleibenden Eindruck zu hinterlassen, wie sie es oft taten, wenn er allein auf Jagd war. Varren verlor die Spur ein paar Mal und fand sie jedes Mal wieder, bevor sie vollends kalt wurde. Varren näherte sich.
Er behielt die Mondphasen im Auge. Niemand wusste wirklich, was einen Menschen zum Werwolf machte, aber es wurde allgemein angenommen, dass der Mond eine wichtige Rolle dabei spielte.
Die ersten Opfer, das Bauernpaar, war in einer Vollmondnacht gestorben. Immer wieder war er es, der die Opfer fand, und seine Entschlossenheit wuchs mit jeder Leiche, für die er ein lautloses Gebet sprach.
Diese Jagd wurde tatsächlich zu etwas Besonderem. Er hätte sich allerdings gewünscht, es wäre auf andere Art geschehen. Es schien, als ob es kein Rätsel mehr gab, dass ihm keine Beute einen würdigen Wettstreit bieten konnten, so, wie es sein erster Bock getan hatte.
Doch dann bemerkte Varren eine Veränderung im Verhalten der Beute.
Anstatt wie üblich den Tag in einem Versteck zu verbringen, wanderte sie nun

In jeder Nacht ein wenig knapper.
Das Mädchen wurde zum Einzigen, das Senira in ihrem Leben noch etwas bedeutete. Es sah sie, nicht den Wolf.
Sie erkannte, dass sie sich veränderte.
Sie konnte sich gegen ihn wehren, er hatte sie nicht vollständig unter Kontrolle. Es war diese Erkenntnis, die Senira eine völlig neue Kraft gab. Sie bediente sich jetzt manchmal der Sinne des Wolfes, um ihre Umgebung wahrzunehmen, und war überwältigt von den Gerüchen und Geräuschen einer Nacht. Aus seiner Sicht erschien der Mensch tatsächlich erbärmlich.
Während die Nächte vergingen, begann ein Gedanke in ihr zu reifen. Wäre es möglich, dem Lied lange genug zu widerstehen, um den Wolf zum Gehen zu zwingen?
Sie wurde sich immer sicherer, dass es möglich sein musste, aber an den Kampf wagte sie nicht zu denken. Trotzdem spürte Senira mit jeder Begegnung deutlicher, dass sie es eines Tages schaffen konnte. Sie konnte ihn jeden Tag ein wenig länger aufhalten.
Senira quälte sich mit der Frage, wer das Mädchen war. Wo waren seine Eltern? Was machte es allein im Wald?
Und warum konnte dieses Kind erkennen, was niemand sonst sah, dass nämlich noch immer ein Mensch unter diesem Monster lebte und litt? Sie musste mit diesem Mädchen reden, es kennen lernen und wenn es keine Eltern mehr hatte - wovon Senira unbewusst ausging - würde sie es aufziehen.
Sie begann tagsüber den Wald und die Ebenen zu durchstreifen, versuchte zurück zu dem Platz zu finden, an dem sie es in der letzten Nacht gesehen hatte und nach Spuren zu suchen.
Das Lied tanzte unverändert durch den Wolf. Aber der Wolf hatte sich verändert. Er hatte schließlich erkannt, dass sein Parasit nicht völlig harmlos war und das machte ihn nervös, so weit er überhaupt zu einer solchen Regung fähig war.
Manchmal lachte Senira in Gedanken über ihn, nur um ihm zu zeigen, was für ein Gefühl das war. Der Wolf war längst nicht mehr so stark wie früher, während sie selbst die Schwäche hinter sich zu lassen begann.
Die endgültige Auseinandersetzung stand kurz bevor, aber sie fürchtete sich nicht mehr. Das Mädchen wartete in der Mitte einer Lichtung im Herzen des Waldes. Wie es hierher gekommen war, blieb ein Rätsel. Es lächelte und winkte, als es Senira sah, und in Gedanken lächelte sie zurück.
Der Wolf war unsicher. Alles in ihm schrie danach, sich auf das nichtswürdige Bündel Fleisch zu stürzen, aber in den letzten Tagen hatte er gelernt, dass es schmerzhaft und anstrengend für ihn werden konnte. Er zögerte, aber schließlich siegten seine Instinkte, und er sprang nach vorne.

auch im Sonnenlicht umher.

Er fragte sich, ob sie wusste, dass er sie nicht einschätzen, den Weg nicht verkürzen konnte und ob sie ihn zermürben wollte.

Er freute sich beinahe, als der Respekt vor dem Gegner, den er so lange hatte entbehren müssen, zurück kehrte. Dann fielen ihm die Toten wieder ein, und er begann, nachts zu laufen und sich leise zu verhalten. Trotz allem wollte Varren keine menschliche Gestalt töten, auch wenn sie nicht viel mehr war als eben das.

Er würde sie nachts stellen.

Die Erregung, die das Ende der Jagd immer begleitete, stellte sich ein. Seine Sinne schärften sich. Die Trauer um die Jagd würde kommen, wenn der Auftrag erledigt war.

Er fand den Wolf schließlich in einer neuen Vollmondnacht auf einer schneebedeckten Lichtung.

Varren blieb im Unterholz stehen und wusste, dass der Gegenwind ihn noch ein wenig schützen würde. Der Mond sorgte für eine bessere Sicht als er zu hoffen gewagt hätte. Varren schätzte die Ironie dieser Tatsache durchaus.

Niemand wusste wirklich, was einen Menschen zum Werwolf machte, aber es wurde allgemein angenommen, dass der Mond dabei eine wichtige Rolle spielte.

Der Wolf hatte makellos schwarzes Fell und wirkte wie ein Schmutzfleck auf dem strahlenden Weiss der Lichtung.

Er sass auf den Hinterbeinen und drehte Varren den Rücken zu. Etwas schien seine Aufmerksamkeit zu fesseln.

Varren lächelte.

Lautlos nahm er die Armbrust vom Rücken, spannte sie, legte einen Bolzen ein, er zielte zunächst nur grob und pfiff dann gellend durch die Zähne.

Der Ton zeriss die Nacht.

Der Wolf sprang herum, sah Varren –

der kalt zielte und schoss bevor der Wolf angreifen konnte.

Der Bolzen zischte und blieb genau zwischen den schimmernden Augen stecken.

Ohne einen Ton sank der Wolf – quälend langsam - zur Seite und gab den Blick

Gleichzeitig mit Senira.
Sie ließ sich bewusst in den Mahlstrom des Liedes fallen, erlaubte den blutrünstigen Phantasien, sie zu vereinnahmen und unterdrückte den Ekel vor sich selbst. Sie schwamm mit dem Strom. Aber dann stieß sie sich ab, nutzte die Kraft ihrer Entschlossenheit und verband sie mit der Leidenschaft des Liedes und dem Lächeln des Mädchens und schlug nach dem Wolf. So fest sie nur konnte.
Der jaulte und schrie und nicht wusste, was das sollte.
Er konnte das Lied nicht mehr hören.
Denn das Lied sang nun für Senira, und sie sang mit ihm. Die Finger, die sie einst in den Wahnsinn getrieben hatten, zogen nun den Wolf mit der ganzen Kraft ihrer Entschlossenheit herab zu ihren Füßen, wo er sich wand und wimmerte.
Der Wolf war nicht der Besitzer des Körpers, das Lied spielte nicht für ihn. Der Wolf war nur ein Hindernis. Etwas hatte Senira verändert. Ihr einen zweiten Körper gegeben und sie dann mit dem Wolf allein gelassen. Der zu stark war für sie.
Bis sie ihre Kraft fand.
Um das Hindernis aus dem Weg zu räumen, und mit ihrem Leben zu beginnen.
Und als sie das begriff, hatte Senira endlich gewonnen.
Sie hatte ihren Körper nicht wieder, aber sie hatte sich ihr neues Nachtgewand endlich gezähmt.
Sie ging zu dem Mädchen und setzte sich vor sie in den silbernen Schnee. Es gab viele Fragen und viele Antworten, aber sie brauchten nicht ein einziges Wort dafür.
Da bohrte sich ein Pfiff in ihr Trommelfell und brachte die Nacht zurück.
Hinter ihr stand ein Mann. Erschrocken sprang sie herum.
Er war groß, drahtig und blass im Mondlicht. Seine Züge waren angespannt, aber nicht ängstlich.
Senira sah ihn und die Waffe in seiner Hand, und sie wusste, sie könnte ihn im Bruchteil eines Augenblicks vernichten. Sie blickte ihm ruhig in die Augen und hoffte, das er verstand. Sie war sich sicher, dass er verstehen würde.

frei auf das Mädchen, das er nun nicht mehr so eindringlich mustern konnte. Damit hatte er nicht gerechnet.

Er schätzte sie auf vielleicht zwei Jahre, die braunen Locken standen ihr wild vom Kopf ab, und sie war in eine alte Decke gewickelt.

Varren trat aus dem Unterholz und legte einen neuen Bolzen ein.

Die Nacht war ungewöhnlich still heute.

Er bleib vor dem Wolf stehen und untersuchte ihn gewissenhaft.

Er war tot.

"Wie heisst du?" fragte er das Mädchen.

Sie sah ihn aus grossen, tiefen Augen an.

„Tuliru."

sagte sie mit einer Stimme, die zu klar und reif für dieses Kind war.

Varren kannte das Wort. In der alten Sprache bedeutete es … Vertrauen.

Er nickte. Ein hübscher Name für ein hübsches Kind.

Dann hob er die Armbrust ein zweites Mal und schoss ein sauberes Loch durch das Herz des Mädchens.

Anschliessend kniete er nieder und sprach ein Bittgebet für die unschludige Seele von Tuliru.

Niemand wusste wirklich, wie ein Mensch zum Werwolf wird.

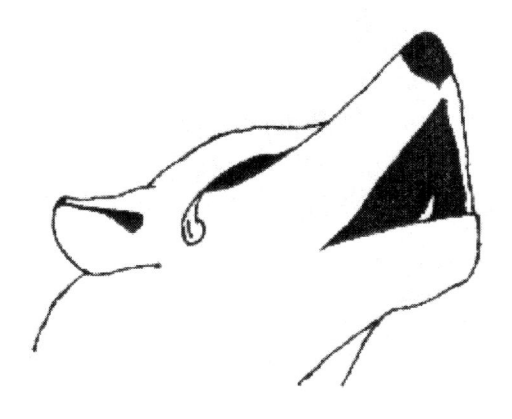

Matthias Meppelink

der schmetterling

```
wie
   ein                                            n
      blat              iegt er                  i
         t           fl         im f r ü h   d   w
                                      l i n g s

                   tssäl              '

              hcis
       nebiert
   k
   o
   m
   m
   t   stets                einer         h
            voran       von      blüte,
               -                     angezogen vom d
                                            c           uft,
                      z                      i
                      u                      e       g
      ihr             r                      l
   r
   ü
   f           netshcän
      tgros  -
                   leben   unbe
                              w
                              u
                            ts s
                              -
                g                     durch
               e              ne       br
            boren        genson         a
                in der mor              ch    er
                                           den p
                                                a
                                                n
                                                z
                                                e
                              (thcil muz)  r
                          w
                        e
                      n n ro
                         he
                          hand          g
                              se    l ü  e l  br
                                ine  f          ich
                                                  t
                                                  s
                                                  t
                                                  i
                                                  r
                                                   b
                                                   t
                                                    er
```

felsenblick

ein lufthauch weht beiläufig weitläufig über den platz
wo die sir thomas statue, die gerade erst erwacht
und müde noch von der gemeinsam durchgezechten nacht
den alten freund der noch im schlaf aus wolken, nebel, dunst versunken
behütet und bewacht

ich setzte mich auf die schattenkalte mauer
und kühle luft strömt in meine lungen ein
lässt meine gedanken von fesseln sich befreien
mich wartend –
umgeben von diesem morgen sein

bis durch den zögernden schimmer der steigenden sonne
ein geräusch: zuerst nur surrend, leise, kaum beherrschend
dann im hall einer gepflasterten kleinen gasse sich verstärkend
die lautlos schlafende stadt zertrennt
geteilte welten sich bemerken

sie mit dem helm unter ihrem arm und glänzendem haar
die vespa an die hauswand neben mein rostiges fahrrad lehnt
zu mir herüber kommt und lieblich gähnt
schon von weitem winkt und lacht
und sich nach leben sehnt

so sind sir thomas, sie und ich
vereint im felsenblick
bei unserem vertrauten der noch immer schläft
trotz morgenlicht

das karussell

walzer umlaufen die gaukelnd geleierten

lieder in eiskalter luft auf verschleierten

reisen erwachen die hölzernen pferde wo
reiter im aufbruch vereinzelt gefeierten
vielfach verschnörkelten formen entfliehen so

lachend und taumelnd im sonnenschein herrlicher
wärmender herzen der liebenden lebensfroh
spielenden träume von nächten gefährlicher

blätternder farbe ins schwermut vergießende
sterbliche laubwerk baldschlafender spärlicher
schwäne verwelken ihr leben verschließende

wesen der zeiten wo einsam zerfließende

umbruchstücke

die alten scherben; schließlich matt geworden;
wegignoriert durch stumpfe akzeptanz
werther eingeschmolzen, nur noch fensterglas:
durchsichtig, sauber, eingerahmt.

und die neuen scherben: fege man lieber weg,
sind oft gefährlich, leicht können sie uns schneiden,
sind nicht aus sicherheits-glasträumen entstanden,
seien fremd und ungeordnet, sowieso kaputt.

notausgang: „bei gefahr scheibe einschlagen"

befreier ist wer aus alten neue sch
                                 erben bricht,

sie müssen andere ant
                    wort tragen,

erst neue scherben spiegeln wieder sonnenlicht

dein sein

im frühling
deine haare
sein
wie sie dein gesicht
berühren
deine t-shirts
sein
wie sie deinen körper
streicheln
deine jeans
sein
wie sie deine beine
umschließen
deine strümpfe
sein
wie sie deine füße
wärmen
deine samthüllen
sein
wie sie deine knospen
halten
meine lippen
sein
wie sie deine blüte
küssen
dein
sein
im frühling

___ un!+(kl"ar%((hei(T77)

übe%(r)al l)"___ un!+(kl"ar%((hei(T77)
(i$n)Xm0(+ir

wi§§e i_m- (ra&us ch) §§!
Vver=schw (((omm)en) + m) -il)(c hi() g a(x-l>le8)s

de(r___ un!+(kl"ar%((hei(T77) f&ol)t(e /r
g) ön(_nt) Xm0(+ir ke "i"§n-e_ _(ru/he)-

ge)(d, an- ke?n(() (i$n) bew"-e(h)9 g_u-_ng//
ver+" ä nde%*-§rn u2n3a4u5f6h7ö8r9l10i11c12h a(x-l>le8)s

    bringt das alter klarheit, wahrheit, wissen -
    erkenntnis, werte, feste grenzen?
    und ist das werden dann vorbei?

g>e ((li> e!(b)t(e___ un!+(kl"ar%((hei(T77)
s,t,)e,t(,e,s %l&e"b%§e"?&n% (i$n) Xm0(+ir

ouvertüre

ein polternd bis zum bersten krummer walzer legt sich schwankend in die kurve, immer links herum. schwindelig und betrunken, die welt hat sich zu stark verbogen. im kreisel der hitze fangen sich blicke, das kühle antlitz ist geheimnis - voller blitze. gezeichnet im kontrast zu verrauchten gerüchen sind fluchtsuchende in sich vermischt. nicht hand in hand, sondern fest ineinander verloren.

aus zerschöpften trümmern, entlaufen in eine wankende stadt. stolpern verhallt im wiederklang haltloser schritte, auf feucht zitterndem gassenpflaster. mit geschlossenen augen überstürzen. lachen tut gut in dieser nacht.

auf dem rücken laufen, mit den schwindlig hohen sternen schweifen, spielen. kühl das gras, auf der haut zerstreut der wind seine lügen. entferntes fabrikgetöse verwischt zu meeresberauschen in blaugrauen tönen. keine erinnerung und kein erinnern. herzen schlagen sich durch die nacht. ein schauer, der über haut in tiefe dunkle regen fließt.

vorsichtig berührend in den arm nehmen. und ein moment kann explodieren durch einen einzigen kuss.

geborgenheit in schutzlosigkeit, ineinander frei. *supernova 1987 a*[1]

---

[1] *Am 24. 2. 1987 wurde in der Großen Magellan'schen Wolke ein neuer Stern entdeckt und Supernova 1987 A genannt. - Supernovae-Ausbrüche entstehen am Ende der Entwicklung massereicher Sterne: Bei Erschöpfen aller atomaren Energiereserven fällt der Stern in einem Gravitationskollaps zusammen; dabei werden kurzzeitig enorme Energien freigesetzt; die äußeren Sternschichten werden abgestoßen, während die restliche Masse zu einem Neutronenstern oder schwarzen Loch degeneriert. Bei Supernovae werden große Mengen schwerer Elemente, die im Inneren fusioniert wurden, in den Raum geschleudert. Supernovae spielen bei der Elementenentstehung eine entscheidende Rolle.*

fenstertropfen

```
i      s      d      f      u      v      d      i
              i                     o             n
m      c                    n              u
       h      e      e      d                     d
f      r                           l       r      e
e             z      u      r              c
       e      i      c                            n
r             h      e              l      h
              m                                   
n      c      t      g                            s
s                    e                            
       k      m      u              e      d
                     n              r             t
e             e      n                            
       l      r      d                     i      r
h      i                           w       e
e                           p                     a
       c      f                                   s
r      ä                            o      b      s
       h      n             r              l      e
i
s             d                     h      ä      n
                     a              l
t             e             a
j      l      w             s       b      t      a
       u                                   t      b
e                    u              e      e
              i             s                     f
       s      r                     h      r      l
m      t             l              a
              k                            b      u
                            e              ä
a                    i              g
       i                                   u      u
n             e             l                     s
                                    e      m
d      g      n      g      t       n      e      s
```

wenn der hund bellt

wo immer es von nun an dich hinweht

man macht das licht aus wenn man geht

sie sagen: die zeit heile, das wäre bekannt,
während alles ruht, und im leben steht
schlag den kopf nur weiter an die wand

red nur auf alles um dich ein,
das getriebe verdaut deinen sand
und nur deswegen kannst du sein

was fängt man an mit seiner welt,
wenn sie vor ekel, allein
wie dein schädel an der wand zerschellt

dreh dich nicht um, wenn der hund bellt

lara, arbeitsplatz

besoffenes blaues
licht im regen-
wasser
wasser, luft – staubsauger
wasser, luft, staub
wasser, luft, staub, säuger
dicke säuger, süßlich duftzerstäuber
wunderbäume: pfirsich, kirsche,
birke, kokosnuss und coca-cola,
lights oder normal, diesel, bleifrei,
blasenfreies zapfen, säule eins zu
fünfzig markenartikel, nummern,
preise, schilder, wald- und jägermeister
mastercard und straßenkarten
tick-tack-uhr, und tic-tac mint,
vanille, eis, pralinen, bild, praline
und einmal süßwaren,
achtundfünzigachtzig – danke.
besoffene blaue
lagune im regen

am meer

windschiefe geigen weiden weined
auf einer von wellen aufgewühlten wiese
und frühling legt meereswogen sanft beruhigend
leicht in den strandsand dieses ufers

flaggen zerflattern diese weite
und möwengeschrei aus vieler krächzend kehlen
entschleiert geradezugelassen, wie und
wann und warum wir wohin

wehen

Michael Neumann

Gemeinsam
das paar
das alte
schreitet
gleichen schrittes
schwarze schuhe
braune schuhe
seinen weg
geradeaus
ohne blicke
zueinander
schwebend
schwer
treibend
schritt
für schritt
wohin?

Einsamkeit

Niemand hat mir gezeigt

sein wahres Gesicht

   wie es strahlt

   wie es spricht

und nicht immerzu schweigt

Will sein	Halt mich
in mir	stütz mich
mit mir	zieh mich
für mich dich	nehmt mich
ohne	mit
den Strom	Erlösung in Auflösung
der mich stößt	Verlust eines Willens
in flüsse von Ein	so einfach
schwimme dagegen	bequem nie
zugleich zusammen	wieder
alleine	alleine
mit allem	doch wo
beides	bin ich

Ein Einfacher Satz sagt mitunter mehr aus, als man mit dem ersten Blick überhaupt erschließen könnte, und so kommt es sehr oft zu Missverständnissen, die in ihren Folgen und Auswirkungen dermaßen unberechenbar sind, dass man sich wirklich so ausführlich wie möglich damit beschäftigen müsste, wie man so etwas Kritisches überhaupt angehen soll, wobei zum Leidwesen vieler eigentlich nicht involvierter Individuen dieses riesige Risiko mit Gefahr darin fatalerweise missachtet wird, was unter ungünstigen Umständen natürlich meist ungewollt, aber nichts destotrotz zu einem ver antwortungslosen Umgang mit Dingen führt, die in Hän den von ungeeignet en Personen wie z.B.Rückenkratzer benutzern ohne **Leere** Freischwimmer kritisch sind, um sie ohne Möglichkeit einer angemessenen Be handlung, die im Sinne der von Karl- Franz von Mümmlingen erdachten Heiltheorie und Safttütenlehre jeglichen leider zu oft auftretenden Persönlichkeits schäden entgegenwirken kann, und es bei Einsatz von genügend zuvor präparierten Zuckerrüben auch tun wird, denn andernfalls die Freiwillige Feuerwehr ja arbeitslos werden würde, da diese ansonsten wohl unschöne Dinge täte, die ungewollterweise in **ist schön** einem unwahrscheinlich starken Gegensatz zu ihrer eigentlichen Aufgabe stehen, denn dies währe theoprak tisch der Mißbrauch einer eigentlich sehr Mißbrauch vorbeugenden, mit Käse überbackenen Institution , was bei grober Betrachtung zuerst ja sehr paradox klingt, faktisch jedoch leider funktioniert und auch gar nicht so selten passiert, und deswegen bleibt wohl nichts anderes mehr übrig als zu hoffen, dass niemals Rauhfasertapetenaufrollhilfssockenhalterfarbe mit einem an Nelkenöl und Ambrosia erinnernden Duft zu bösen und äußerst gemeinen Zwecken missbraucht wird,was meinem Eindruck nach niemand wirklich will, was, wie ich hoffe,auch stimmt. Oder etwa nicht?

Auf der Faulen Haut liegen

Ende nähert sich
Es hat schon begonnen
Der kreislauf beendet
Was ist ist das letzte
Der rest des ehemals
In unendlicher vielfalt
Erschaffene welkt, vergeht

Die haut, sie trennte den   einzelnen vom ganzen,   aufgelöst und alt geworden
Verwischen von identität,   der mahlstrom nimmt   sie zu sich in den tod
Mit maden durchsetzt
Lebensraum des
Letzten aufgebots
rissig, lederartig
Fleisch, sichtbar
Erfreut am letzten
Und ersten blicke
Hinaus

Kraftlos, gesunken
Im Erwarten
Des Schlusses
Bereits beendet
Das Fühlen, es
Hat uns gemacht
Zu denen
Die wir einst
Waren. nichts
Regt sich in der Ruine des
Menschen der dort liegt

Vereinen mit Lehmiger Erde, abschließen das Sein als einzelnes Wesen

zeit

die sekunde rast
der minute voraus
dass die stunde gemütlich
dem tage entflieht
der der woche so fließend
den rücken nur zeigt doch
der monat so schleppend
dem jahre das ende verkündet

nie alleine holt sie uns ein

Polemie

A: moin moin
B: tag auch
A: und?
B: naja, muss ja, ne?
A: ja, meistens, heut wohl auch.
B: stimmt, sieht man ja.
A irgendwie immer dasselbe.
B: mal so mal so
A: und der da?
B: ich glaube tot. sieht jedenfalls so aus.
A: kann man nie wissen. aber wahrscheinlich schon. n' heiliger?
B: in ein paar hundert jahren bestimmt.
A.: stimmt, die ham ja noch keine zentralistische kirche, ham se noch nicht.
B: vielleicht auch besser so.
A: erspart einem den ollen papst, ne?
B: jupps.
A: wie spät ham was eigentlich?
B: so nen paar hundert nach, würd ich sagen.
A: na, dann vielleicht schon. jedenfalls nicht mehr lang hin.
B: mann. da kommt noch ganz schön was auf uns zu.
A: schau dir den toten da an. der hat vielleicht schon das ärgste hinter sich.
B: wenn er brav war, dann schon.
A: die ham ja die hölle. Is ne heisse sache.
B: die gibs jetzt schon?
A: keine ahnung so genau, vielleicht muss die sich noch jemand ausdenken.
B: kaman sich nicht so sicher sein. Kann man sowieso nie richtig.
A: ist wohl besser. besser isses dann doch falsch.
B: der da hat ja vielleicht versucht.
A: und nu isser tot.
B: hatter nun davon.
A: obsichs gelohnt hat?
B: muss ja, sonst gäbs das bild in dem wir stehn ja gar nicht.
A: wie heilig war der wohl?
B denk dir ne zahl zwischen 1 und 10
A: so viel?
B: ist doch piepe.
A: na gut
B: ich weiß sowieso nicht was das soll.

A: mit den heiligen?
B: jo
A: solln vielleicht vorbilder sein?
B: wahrscheinlich
A: sind doch gar nicht schlecht, die leute, ne?
B: naja
A: wieso?
B: hmm, na, so irgendwie sinds doch fantasiefiguren, oder?
A: könnt wohl sein. muss aber nicht.
B: wer weiß den schon, was das überhaupt für welche waren.
A: wahrscheinlich ham sich die pfaffen, gedacht, hey, wir brauchen nen neuen heiligen.
B: eigentlich ham die doch schon genug.
A: kennst den im wald mit dem mantel und dem schwert.
B: und dem zauberstab? . . . ach nee, ich weiß schon, mit dem bettler
A: genau. Irgendwie krass. Der heilige schneidet für den armen sack seinen mantel durch, die Kirche selber schneidet aber lieber die armen säcke durch.
B: jetzt echt?
A: na ja, so in etwa. jedenfalls total konsequent die kerle.
B: da fällt mir ein: ich schulde dem kleinen sohn vom papst noch geld.
A: gib ihm das man lieber schnell wieder. der geht doch sonst zu seinem papi und verpetzt dich.
B: na, so arg doch nun auch wieder nicht.
A: da fällt mir ein: so richtig gibs den doch noch gar nicht.
B: ach ja, diese olle zeit.
A: ist sowieso nur was für fantasielose.
B: sollte man mal abschaffen.
A: wolln die den verbrenn, oder wieso ist dahinten der holzhaufen?
B: holzhaufen? ey, hast ja recht. vielleicht warer ja ne hexe?
A: quatsch, oder sieht der aus wie ne frau!?
B: hast ja recht. Aber irgend nen grund müssen die doch haben, wennse den verbrenn wolln.
A: ach, wahrscheinlich ham die bloss kein bock den zu verbuddeln.
B: oder der friedhof ist voll.
A: ist ja auch egal. aber sach mal, so heilige, machen die nicht auch mal wunder? Ich mein, so mit total unlogischen sachen und so. Ich fänds ja cool, wenn der jetzt einfach auftehen würde und dann abhaun.
B: aber das geht doch gar nicht.
A: wer weiß, der jesus hat das doch auch gemacht.

B: aber das ist doch was anderes. wurde ja auch erst über 40 jahre nachdem es passiert sein soll aufgeschrieben.
ausserdem geht's doch gar nicht um solche details.
A: aber worum denn dann?
B: so in etwa dass man irgendwie mit den leuten klarkommt. weil, täte jeder dass, was der jesus tat und meinte was man tun soll, dann wär dass doch ne prima welt, oder?
A: aber die leute vonne kirche, die werdens doch auch gar nicht so richtig tun, find ich. So von wegen leute verbrenn und ersäufen und zerbrechen und augen ausstechen und so weiter. das hat am anfang doch niemand wirklich gewollt, ist doch so eigentlich gar nicht nett gewesen.
B: und ausserdem, die römer machen sowas im augenblick ja ganz gerne mit den christen selber, die benutzen die doch als tierfutter.
A: hey, hast recht, die solltens dann doch eigentlich wissen, wie es ist, wenn man aufgegessen wird und solche sachen.
B: sind eben total nicht konsequent.
A: kennste den luther? das ist auch so einer. erst sachter was von wegen: hey, juden, sind doch eigentlich ganz nett, jesus war ja auch einer, und hey, ist doch eigentlich derselbe gott und so. nachher ändert er aber seine meinung und sacht dass die voll kacke wärn. tolles vorbild.
B: naja, aber irgenwie sinds ja dann auch nur menschen, diese kirchenleute. oder könntest du all das streng befolgen, was es da alles an sachen zu bedenken gibt?
A: willst mich beleidigen? du weißt doch ganz genau, dass wir nur hier hingemalt sind. wir könn das doch gar nicht, so richtig aktiv regeln befolgen und brechen, so richtig in bewegung und so? oder hast du schonmal gemalte leute gesehen, die sowas machen? abgesehen davon sind wir wahrscheinlich nur fantasiefiguren, die sich son maler dazu ausgedacht hat. ausserdem geht's doch gar nicht um die regeln, ist doch meist alles nur schau, ist doch eigentlich nen welt- und menschenbild, das da hintersteht, nicht irgendwelche tollen heiligen oder tattrige päpste, die Da in ihrem prunk durch die armen länder kutschiert werden und was von gerechtigkeit faseln. ist doch heuchelei ist das doch.
B: hä? um
A: ne?
B: achso
A: sach ich doch
B: aber so ne organisation, die n'bisserl versucht, sowas von Moral zu verbreiten, ist doch eigentlich ganz gut, oder?

A: klar, aber jetzt mal so ich als teil eines bildes hab dann auch keine lust, ewig in irgenwelchen kirchen rumzuhängen, vielleicht mal geklaut zu werden um dann woanders rumzuhängen. Ist doch langweilig.
B: hey, schau mal darüber, die zünden den holzhaufen an.
A: stimmt, man riechts auch.
B: riecht irgendwie komisch. So nach verbrannter leinwand.
A: die idioten, zünden mitten im bild nen feuer an, und jetzt brennt die leinwand.
B: sach mal, kann es nicht sein, dass wir jetzt auch feuer fangen?
A: könnte wohl sein.
B: wahrscheinlich, wir sind ja schließlich auch auf dem bild, das jetzt brennt.
A: och menno, und ich hatte gehofft, wir hätten nach diesem ganzen gelaber irgendwas wie ne identität oder ein bewusstsein oder gar eine seele.
B: wir als farb- und pinselkleckse doch nicht. na egal, vielleicht sieht man sich mal. wo sind wir eigentlich, nachdem wir verbrannt sind?
A: ach, mal schaun, wir werdens ja sehen.
B: na gut, bis denn.
A: tschüsserle
B: tschau

Jan Oberländer

Leckerei

Ihr quält mich! – riecht wie überreife Früchte
oder diese anschaulichen Blumen und erweckt
in meinem dunkelweißen Stammhirn instinktive Süchte –
Gott! wie ihr mir hormonell die Lippen leckt.

Mein liebster Hunger/Durst seid ihr, nassrosa Häute;
ich geb genüsslich gerne den Neurosenkavalier
mit Wahnsinnsappetit auf achsonette Beute:
Ergebt euch schon! – Ich verzehre euch nach mir.

Eure weiten Poren triefen Honigseim und Myrrhe,
Weih- und Rosenwasser, Milch und Wein –
So biblisches Berauschen muss unglaublich sein –

Überregt in allen Sinnen hab ich diese wirre
Hymne an euch heiße Lebensquellen aufgesetzt;
ich sage sie, bis/dass bloß eine meinen Gaumen netzt.

Zurückmeldung

Du meldest, was aus dir geworden ist:
„Es ist grad alles ziemlich schwierig hier ..."；
bist hilflos ganz der alte Egoist,
und voll aufs eigne Selbstmitleid fixiert.

Du schreibst noch nicht mal, dass du mich vermisst,
klagst nur, dass nichts Neues passiert –
Sieh ein, dass du jetzt eigenständig bist!
Du allein gehörst jetzt dir.

Wenn man sich ungern wehtut,
hat man endlich vielleicht Glück;
mein Gewissen ist gut;

ich sehne mich zwar,
aber nicht dich zurück –
Du bist wie es war.

Hotcoupleonbed

Dein „wird persönlich"-feiger Fluchtreflex,
zu lieben nur Hochglanz und Mietvotzen;
dein Traum: den Cumshot von Gott sehn,
und eventuell mal Faust- und Zerebralsex.

Dein Suchtgift: die Waren des Business:
Sichver-käuferinnen/käufer, Stuten, Hengste,
seelenlose Materiale deiner Nähenängste,
Lohnleistungen im nackten Kunstexzess;

dieses: – fremde Herzeigen, Geilmachen,
Selbstzerspreizen, *Nächster!*, Drüberrutschen,
Sichbenutzen/-lassen, Total-leerlutschen, –
Verlehren! feinsinnlichster Körpersprachen;

zwangsläufig dein Sozialver-lieren/lernen: –
dein Kopf/Schwanz steckt in den Sternen.

Sostürmisch!

Ich lese deine abständlichen Abschiedsbriefe:
verletzt/verletzend kurz; die Wolkenbrüche
draußen simultan. Ich sitze, ignoriere meine
vollgeflennte Scheibe, auch die stillen Blitze.

In andern Augen wehten vielleicht nass- und
schwergetränte Schleier, aber: Glück! mein
Fenster dichtet gut, Stereo verschreit das Leid,
cry me a river, meine Brille ist evtl. beschlagen;

mein nächster Anblick: – abgenutzt emotional:
den Himmel, trübe noch und aufgeladen, dabei
weich wie Milch und Schlüpferseide, stört in
seinem Ungewitter – *yeah!* – ein Regenbogen

Briefanfang, zurückgenommen

Wir sollten die Brillen absetzen,
weil endlich einsehn, dass noch zuviel mattes Glas in/zwischen/vor uns
scheint: *eine so klug und außerordentlich
schön aufgebaute Wolkenfront* – Sonnen-
strahlen splittern Gold durch weiches
Grau, vielleicht: Erleuchtung – ich
habe dich schon hellgeblickt: das leichte
Sichgrazilbewegen deines Rudels
Schmetterlinge. Landkärtchen, Pfauen-
auge – artfremd auch: Tigerblume!,
Warum ist verdammt dein Zoom
kein lieber Armumschluss, kein dies-
malnichtverschluckter Kehlenkuss –
Du streifst dich nah an mich vorbei,
mein Muskel spastet meine Brust: –
ich kann sekundenlang nur überrührt/
gelähmt auf deinen feinen Rücken
starrn, – und sorge mich dich nie zu
halten. Aber ich bin nicht ängstlich.

Brainclubbraunschweig

Mein Heimatfreizeithirn: überdrängt, dramatisiert: –
Aus Hälsen/Langeweile: Rauch und Schaugeschwätz,
Independenteinmaleinse, leichte Standardtextaufgaben:
einer macht grad Eingeweihtenpraktikum, andern
schmeckt das Beck's schlecht; später: stumpfe Weltver-
schwörungsschwadronie an chrompolierter Pissrinne –

Plus immer diese extrakühlen Sich-nichtver-/imwege-
steherInnen, ohne gleiche Sprache, gleiche Sache, ohne
Bündnistrieb – Man inszeniert sich nah, lebt aber neben-/
gegen-her, die Fronten unaufschmelzbar hart: „Dein
Rücken steht dir.", „Schön für mich!": einander eisig
abgesprahlt – Zu stumm, um wirklich nichts zu sagen.

Stadtluftmachtfrei

Heute sah ich zweimal die *Antigone* des
alten Sophokles in Zufälligdurchsuchsge-
brauchtbuchkisten stecken, aber kaufte

nicht – für mein Leben gelten keine göttlichen
Gesetze, wenig weltliche Gebote greifen;
diese schnellen Straßen rauschen doch

bloß richtungslos und selbstgefällig,
ohne Schamgefühl und Unterlass. Im Gewühl:
Geschminkte, Kleider oder keine,

Silberbleigold, Tätowierte, Alterkrass; Funk-
telefone tief gebohrt in Molochohren,
-augen in Displayhypnose – und

ich musste denken: die, haha, Tugend
von heute ist wohl lange abgefahren farb-
fernsichtig fühllos eitel scheinbar geistesfrei.

idealabor

textperimentieren in der arbeitsgruppe:
die lyrischen ichs im nichtganzweißen kittel
verdichten alchemisch zu schlieriger suppe
ganz ungleiche ausgesucht seltsame mittel.

und es wallet und siedet und brauset und zischt,
wie wenn: wasser mit feuer sich mengt,
penible vernunft sich mit emotionen mischt,
man gegenseitig sich ideen stiehlt und schenkt.

den wörtersud abseihen, sinn destillieren
und vielleicht den zaubertrank synthetisieren,
der wirksam uns erfüllt mit rücksicht vorbedacht,

der endlich heutzutages leere gier nach macht,
nochmehrbesitz und seichtem ruhm kuriert,
der uns die welt rettet, der respekt evoziert.

imblumengarten

erbgutpromotion, mit freiund-
hochgereckten narben locken,
jedes staubblatt fett und schwer

und kelch und krone blank –
ein farbenstreit, einander gegen-
stinkend prahlen, und wirklich:

wir kommen: erregtes summen,
vasendenken, schneiden schräg
und scharf, so bleibt die blüte
länger schön!

Im Blumengarten

Frisch kreditgebaute Reihenhäuser:
Mit Familie ruhig beschaulich leben;
Eingangsfronten eifern auszusagen:
„Wir sind glücklich hier!", „Und wir erst!".

Laubenwettstreit in den Feindesgärten,
man will wohl gar kein neues Spiel zum Glück –
Im Baugebiet hat man sich eingefroren:
„Privatweg, keine Wendemöglichkeit".

Ich sehe offen hin. Kühl: „Guten Tag.";
man schätzt hier ab, misstraut und sieht sich vor,
sichert neidisch die Fassade gegen

Hinterfragen und Belästigung–
Den Blick auf deckungsgleiche Sperrzaunzonen:
unter dem Schnee scheint Schmutz durch.

Eismeer

zu Caspar David Friedrichs „Das Eismeer", 1823/24

Mikroskop. Anderer Stern. Irgenddann
Oder früher. Die Eiswelt: Risse und Zerbruch,
ein riesenharter Hunger. Matrosen, noch zu schlau
zum Schlafen, obwohl müde, das Stranden noch
im Ohr: Rufe, keuche Hälse, Wehren – ihre
Raum- und Forscherschiffe kalt verspeichelt:
abgespuckter Mast, zerletzte Segel, Schluss –
Endlich doch gefressen – nicht eingesogen,
tiefgelutscht, getrunken, nein: Gekaut!

mir gefällt jetzt das wort. denklich längst bekannt, aber einfach reizvoll aufgeschrieben: ohrsichtige reibung in gespitzten augen; der diagonalnichtschiefe ton durchklingt notierte harmonie: konsonantes ypsilon vibriert schwarzleise, was dem horchen leser nämlich alle wimpern aufstellt, und im überschwang auf seiner gänsenetzhaut polka tanzt. – hopsa!

entgeisterung

ich lösche meinen blick mit müden lidern; der tag hat einen knoten in mir hartgezurrt, den ich entbundnen auges aufzubringen und zu entwirren trachte. ich lasse meinen mund zum schlaf erschlaffen, verbeisse doch den sinn in das so feste bund und wirklichkeitsgenarrt benage diesen überdrussgedanken. Ich fühle meinen kopf endlich zerfliessen; die missordnung sinkt ab auf tiefsten geistesgrund; doch auflöst sie kein nachts gefasster wille – ich merke sie erwachend.

Sie trägt Zellen ab, sehr langsam. Mit rechtem Zeigefinger und Daumen reibt sie den rechten Nasenflügel. Die linke Hand schläft im Schoß, Finger gestreckt, die Kuppen zusammengekrochen, sie zeigt von sich weg. Ihre Schultern hängen alt und ungleichmäßig tief, ihr Kopf nickt wie verlegen schräg nach unten, ihr Blick löst sich auf. Linkshänderin ist sie, umerzogen aber, jetzt trägt ihre abgebrauchte Schreibhand Zellen ab, der eigene Name gelingt ja nicht mehr, nur hilfloses Schaben. Sie streicht sehr leicht, dass sie nicht wund wird, sie dünnt den Knorpel zärtlich aus; im Gegenlicht scheint ihre Nase rosaseiden durch. Sie seufzt wie ein Mädchen.

Sophie Schäpe

Akrosticha

S ie entschlüpft der Wirklichkeit,
O rientierungslos
P hantasien folgend. Die
H and blättert die Seiten, um
I m Sessel sitzend
E ndlosweit zu reisen.

H ast du nicht auch d **A**
I n den Kiste **N**
L eisen Singsan **G**
F lüstern gehört? Etwa **S**
E rwacht dor **T**.

Nach Süden

Sie erwachte davon, dass ihr bitterkalt war. So leise wie möglich kroch sie unter ihrer Decke hervor - schließlich wollte sie die anderen nicht wecken. Sie nahm ihre Kleidung, die in der Ecke neben dem Eingang lag, unter den Arm und schlüpfte zwischen den zwei sich überlappenden Zeltplanen hindurch. Eisige Luft schlug ihr entgegen und brachte sie zum Zittern. Mit klammen Fingern versuchte Jori sich ihre Sachen überzustreifen. Dann löste sie den langen Zopf, fuhr sich ein paar mal mit den Fingern durch die Haare und band sie erneut.
Es war noch so früh am Morgen, dass auf den Blättern eine mattweiße Schicht lag. Der Vorgänger vom Rauhreif.
„Wenn der Winter kommt, bevor wir Jekimsk erreichen, dann erfrieren wir." Das hatte Pavlo gesagt. Wie lange war es noch bis zum Winter? Wie viele Tage waren es bis nach Jekimsk?
Jori kniete sich vor die Feuerstelle. Vereinzelt glomm es unter der Asche noch. Sie holte Distelsamen aus ihrer Tasche und streute sie in die Glut, dann blies sie vorsichtig. Anschließend legte sie kleine Zweige auf und hoffte, diese würden trotz der Feuchtigkeit brennen, darauf schichtete sie größere Äste. Sie nahm den Topf und ging zum Fluß. Dieser Strom floß gen Süden. Sie waren ihm gefolgt und nicht der westlichen Handelsstraße, um nicht von den Soldaten entdeckt zu werden. Dadurch kamen sie etwas langsamer voran und durch weniger Dörfer, aber es war weniger gefährlich und sie hatten wenigstens genug Wasser. „So vielen Flüchtlingen, wie jetzt sicher unterwegs sind, können selbst freigiebige Dörfer nicht mehr helfen", hatte Pavlo gesagt. Sicherlich hatte er recht. Aber vielleicht existierten die kleinen Gemeinden an der Straße auch schon nicht mehr.
Jori strich über die Topfhenkel. Der Topf war das einzige, was von ihrem Haus zu finden war, nachdem ihr Dorf dem Erdboden gleich gemacht worden war. Niemand von ihrer Familie war übriggeblieben, nur dieser Topf hatte unversehrt zwischen den Trümmern gelegen. Als Jori ihn am Ufer füllte, riß sie die Kälte des Wassers aus ihren Gedanken hoch. Schnell ging sie zum Feuer zurück. Ein bißchen Wasser schwappte über den Rand, auf ihre Schuhe. Sie bemerkte es nicht. Sie legte Holz nach und das Feuer antwortete mit einem zwitscherndem Zischen.
Pavlo kroch aus dem Zelt. Er streckte sich. Für einen so großen Mann ist das Zelt einfach zu kurz, dachte sie.
Jori stellte den Topf auf den heißen Steinkreis. „Morgen!" knurrte Pavlo.Pelja krabbelte hinter ihm hervor. „Papa!" rief die Vierjährige und umarmte ihn in Kniehöhe.

Neidisch sah Jori hinüber und ballte ihre Fäuste. Die beiden hatten wenigstens einander. Sie war ganz alleine. Warum war gerade sie nicht im Dorf gewesen? Warum hatten nicht ihr Vater und ihre kleine Schwester überlebt?

Wieder einmal mußte sich Jori selbst zur Ordnung rufen. Ohne den Holzfäller Pavlo wäre sie schließlich nicht weit gekommen. Er hatte sie mitgenommen. Obwohl sie die einzigen Überlebenden aus ihrem kleinen Dorf waren, war es keine Selbstverständlichkeit, daß er alles mit ihr teilte.

Sie wand sich hastig um, zog ihre Ärmel über die Hände und riß Brennesselblätter ab, die sie in den Topf warf. Brennesseln waren das einzige, was hier richtig gut wuchs.

Pelja hockte sich vors Feuer und starrte in die Flammen. „Steh auf!", sagte Pavlo, „Du sollst dich nicht auf den kalten Boden setzen." Gehorsam stand Pelja auf. Die ersten Tage hatte sie dauernd nach etwas zu essen gefragt. Das tat sie jetzt nicht mehr. Statt dessen fragte sie: „Wann kommen wir wieder in ein Dorf?" „Ich weiß es nicht", antwortete Pavlo müde. Dann ging er zu einem der krüppeligen Bäume in der Nähe und pinkelte daran. Pelja spielte mit ein paar Steinen. Das Wasser im Topf brodelte.

„Jori, wann kommen wir wieder in ein Dorf?" fordernd blickten die zwei großen, dunklen Augen zu Jori hoch. „Bald, Pelja, bald", versicherte sie und strich der Kleinen über den Kopf.

Pavlo kam zurück und Jori zwang sich, nicht dorthin zu sehen, wo er gestanden hatte, und wo der Boden jetzt dampfte.

Sie tauchte die kleine Schale, die sie von einem freundlichen Bauern geschenkt bekommen hatten, in den Tee ein und reichte sie Pavlo. Der blies darüber, um das brühheiße Getränk etwas abzukühlen, und gab es dann Pelja. Erst nachdem seine kleine Tochter getrunken hatte, trank er selbst. Genußvoll lubberte er ein Blatt aus der Schale. Jori füllte sie neu und trank als Letzte.

„Mensch Jori, wenn wir dich nicht hätten", sagte er. Sie errötete. „Meinen Topf", verbesserte sie. Pavlo lachte. „Ja! Ja! Dich und deinen Topf!"

Botanisches Märchen

„Wochenend und Sonnenschein… " Das kleine Vergissmeinnicht sang und öffnete dabei seine Blüten so weit es ging.
„Nun sag bloß, du hast auch schon auf Produktion umgestellt!" Die Goldulme raschelte fröhlich mit den Blättern.
„Du weißt, dass ich bis jetzt in deinem Schatten gestanden habe."
Das Vergissmeinnicht bog sich so sehr der Sonne entgegen, dass es den Anschein hatte es würde gleich aus der Erde kippen. Die beiden zuckten zusammen, als das Schöllkraut seine Blattadern herzhaft ausschüttelte.
„Du schon wieder!", stöhnte das Vergissmeinnicht. „Freunde, das Niveau sinkt, der Schmarotzer ist erwacht!"
„Nenn mich noch einmal Schmarotzer und ich grab dir das Wasser ab!"
„Du musst jedenfalls zugeben, dass du nicht in den Garten gepflanzt worden bist. Du bist hier nicht vorgesehen." Angriffslustig wedelte die blaue Blume mit den Blättern.
„Ich bin eben einheimisch. Dies ist meine Wahlheimat."
Als das Vergissmeinnicht kontern wollte, kam ihr die Goldulme mit dunkler Stimme zuvor: „Ruhig Saft, meine Bodengenossen! Wir wollen doch nicht streiten."
„Nicht?!", fragte die Blume trotzig.
„Nein!", entgegnete das Schöllkraut, „Im Gegensatz zu Madame Heute-blau-und-morgen-blau müssen wir uns bis zum Wasser vorgraben. Wir sind während der Trockenzeit nämlich nicht gegossen worden, und haben keine Energie für kindische Streitereien übrig."
Es hatte in den letzten zwei Wochen nicht geregnet, dafür hatte die Sonne aus allen Knopflöchern geschienen. Man hatte zwar das kleine Vergissmeinnicht gegossen, doch bis in die tieferen Bodenschichten, bis wohin die Wurzeln der Goldulme reichten, war das Wasser nicht gesickert. Das Schöllkraut hatte versucht mit seinen Wurzeln näher an das Blümchen heranzurücken, aber die Härte des Bodens hatte ihr Wurzelwachstum stark erschwert.
„Tja,", stellte das Vergissmeinnicht fest, „wenn man auch ein Unkraut ist!"
„Ich bin ein Unkraut, und ich bin stolz darauf! Meine Vorfahren stammen aus dem Mittelmeerraum. Wir haben ganz Europa, Teile Asiens und Nordamerika besiedelt. Kein Boden ist uns zu nährstoffarm. Wir sind anpassungsfähig, kälteresistent und äußerst potent!"
„Aber nicht schön!", sagte das Blümchen, welches aus einer Gärtnerei vom anderen Ende der Stadt kam und nur noch vage Erinnerungen an seine

Vorfahren hatte, da es als Hybrid aus einer Samentüte gezogen worden war.
„Eine Blüte von meinen ist zehnmal mehr wert als deine."
„Ha!", quiekte das Vergissmeinnicht „Wieso denn das?"
„Das zeige ich dir!" Das Schöllkraut reckte sich ins richtige Licht. Von der Hitze waren die Schoten, in denen sich die Samen befanden, gereift und getrocknet. Jetzt erhöhte die buschige Pflanze den Druck und sprengte eine der Schoten auf. Hunderte von kleinen, schwarzen Samen schossen durch die Luft, spritzten gegen ihre Blätter und auf den Boden.
„Bravo!", rief die Ulme.
„Hm!", murmelte das Vergissmeinnicht, das angesichts dieser effizienten Vermehrungsmethode Mühe hatte seine Bewunderung zu verbergen.
„Wartet`s nur ab, das Beste kommt noch!"
Alle drei starrten auf den Boden und bald konnten sie sehen, wie Ameisen, von dem süßlichen Aufsatz an den Samen angelockt, diese in alle Himmelsrichtungen davontrugen. „Schon klasse.", musste das Vergissmeinnicht zugeben. „Ich wünschte ich könnte mich auch so vermehren." Es sah ganz geknickt aus.
„Ach komm,", versuchte die Goldulme es zu trösten, „dafür bist du prima blau."
„Ich bin... ", schniefte das Vergissmeinnicht, „Ich bin aber nur zweijährig."
„Na und?", fragte das Schöllkraut.
„Du weißt ja nicht was das bedeutet! Dieses Jahr blühe ich und im nächsten bin ich tot!"
„Blödsinn!"
„Ach ja?! Dann lies mal das Schild!"
Das Schild war noch aus der Gärtnerei. Es war dem Schöllkraut zugewandt und mit einer bunten Abbildung versehen, durch die die Gattung eindeutig zu identifizieren war.
„Da steht, Moment... " Das Schöllkraut kniff die Spaltöffnungen leicht zusammen. „ ...da steht zwei oder mehrjährig."
„Echt?", keuchte das Pflänzchen schwach vor Dankbarkeit.
„Na klar, du Hyperventilator."
Die Ulme raschelte wieder leise. Sie war schon sehr viel älter als die beiden anderen und hatte das Interesse an den meisten kleineren Pflanzen verloren. Mit dem Schöllkraut, und seit neustem auch mit dem Vergissmeinnicht, pflegte sie eine gute Nachbarschaft, mischte sich jedoch recht selten in die regelmäßigen Diskussionen ein.

Auf einmal wurde das Stimmgewirr ringsherum lauter, die Erde begann zu vibrieren.

„Was ist das?", schrie das Vergissmeinnicht. Das Schöllkraut war hellgrün geworden.

„Der Rasenmäher", sagte die Ulme, dann schwieg sie.

Das Getöse kam näher und flaute wieder ab. Schließlich fraßen sich die Messer immer näher. Das Vergissmeinnicht zitterte, als der Mäher die Halme kurz vor seinen Stielen kappte. Erst im letzten Moment machte der Mäher einen Schlenker nach links. Ein dumpfer, tiefgequälter Laut war zu hören, wurde aber gleich vom Motorenlärm erstickt.

Bruchteile von Sekunden später war an der Stelle, wo eben noch das Schöllkraut gestanden hatte, ein kahler Fleck. Nur wenige Zentimeter über der Erde, war noch ein Rest des Strunkes zu sehen. Aus ihm quoll unaufhaltsam dunkelroter Saft.

Das Vergissmeinnicht stand unter Schock. Es hatte sämtliche Blüten fest geschlossen und alle Zellenwände vibrierten. „Was ist denn geschehen?", fragte es leise.

„Mach dir keine Sorgen. Alles wird gut!", versucht die Ulme es zu beruhigen.

Das Vergissmeinnicht wandte sich von der grässliche Verstümmlung ab. Es wollte nicht glauben was geschehen war. Voll Trauer hörte es auf zu atmen und pumpte Wasser in die Blätter. Die Ulme dagegen hatte diesen Vorgang schon oft gesehen. Sie zeigt tiefe Anteilnahme, setzte aber stets auf die Unverwüstlichkeit des Schöllkrautes.

„Jetzt atme, verdammt noch mal!", rief sie der kleinen Blume zu, „Noch vor dem nächsten Vollmond ist es wieder grün, buschig und frech wie ein Marienkäfer."

Das Vergissmeinnicht schnappte nach Luft. Ungläubig betrachtete es die rotgefärbten Erdkrumen um den Pflanzenrest.

„Weißt du, ich hab es doch lieb", schniefte es.

Reaktion auf das Bild „Überführung des Leichnams des heiligen Markus" von Jacopo Tintoretto

Ich versuche dir zu begreiflich zu machen, wie ich in das Bild wanderte. Also hör zu!

Es begann zu schütten. Regen prasselte auf die Straße und spritzte wieder hoch. Na, und ich hatte natürlich keinen Regenschirm dabei. Der nächste Unterstellplatz war das Kunstmuseum. Verstehst du? Deshalb bin ich auch so spät. Wenn der Regen nicht gewesen wäre... Na, jedenfalls bin ich hinein gegangen.
Es war umsonst, okay?!
Ich bin da `durchgeschlendert und habe versucht so wenig wie möglich zu tropfen. Und dann stand dort diese Bank. Du weißt schon, diese typischen Museumsbänke ohne Lehne und alles. Damit man in beide Richtungen sehen kann. Ich hab mich hingesetzt und auf den Steinfußboden geguckt. Als ich hochsah, hing genau vor meiner Nase dieses Bild. Ich weiß nicht genau was dann passiert ist, ich hab' mich zurückgelehnt oder so und auf einmal habe ich das Gleichgewicht verloren und bin rücklings von der Bank gekippt.
Mensch, lach nicht!
Mir war das natürlich total peinlich, ich habe mich so schnell es ging aufgerappelt und da hat es mich noch einmal umgehauen. Das war der Wind. Im Ernst, ich war wieder unter freiem Himmel. Da war ein Säulengang und lauter Menschen in römischen Klamotten. Alles rannte weg. Ich wusste gar nicht, was ich tun sollte, da hörte ich jemanden um Hilfe rufen.
Es war nicht Deutsch oder irgend eine Sprache, die man beschreiben kann. Es war ganz anders. Auch die Geräusche von Blitz, Donner und vom Sturm waren nicht hörbar. Ich glaube man kann so etwas auch nicht „Geräusche" nennen. Verstehst du? Das hier war, als ob du mit deinen Augen hörst.
Und jemand rief mich um Hilfe. Ich bin auf dem Fußboden dorthin gekrabbelt. Ich versuche das Gespräch wiederzugeben, wie es ungefähr war:
Also dieser Junge - er war so siebzehn - auf dem Boden hielt ein Dromedar an einem Strick fest. Er sagte: „Na endlich, nun hilf mir doch du Idiot! Ich kann das Mistvieh nicht mehr lange halten."
Ich hab zugegriffen und wir haben es gemeinsam geschafft das Tier in Richtung Säulengang zu zerren. In dem Moment habe ich mir keine Fragen

gestellt. Es war ja klar, dass ich in dem Bild gelandet bin. Der Rest war unwichtig.
Wir haben das Dromedar an einer der Säulen festgebunden. Dann wollte der Typ wieder raus.
„Wo willst du hin?", habe ich geschrieen. Ich glaube das war das erste, was ich überhaupt gesagt habe. Aber ich habe nicht gesprochen. Wie schon gesagt es war... ach, ich kann es nicht beschreiben.
Der Kerl drehte sich um und sah mich an, er lächelte und antwortete, dass er helfen müsse den Leichnam zu Simons Haus zu tragen. Ich hatte keine Ahnung, wer Simon war und von wessen Leichnam er redete. Ich weiß auch nicht, warum sie nicht das Dromedar benutzt haben. Das war aber auch egal. Ich bin mit ihm gegangen. Wir haben uns gemeinsam gegen den Sturm gelehnt, den Platz überquert und sind dann in eine Gasse abgebogen. Es regnete in Strömen, vielleicht hatte ich deshalb den Eindruck durch eine halbtransparente Welt zu gehen. Das lag auch an den Farben: Je weiter wir uns von dem riesigen Platz entfernten, desto mehr Pastelltöne tauchten auf. Aber die Häuser wurden auch schäbiger. Wahrscheinlich lag's daran.
In einer breiteren Straße stießen wir auf vier Männer und den Toten.
„Da bist du ja, Somni! Pack mit an!", rief ein Weißhaariger mit Bart, als er uns sah. Mit dem letzteren hat er natürlich mich gemeint. Somni hatte sofort einem anderen Alten seine Last abgenommen. Das war auch bitter nötig, denn der war nun wirklich am Ende seiner Kräfte. Er taumelte und ich konnte ihn gerade noch auffangen.
„Es geht schon", hat er gemurmelt. Da habe ich mir den einen Arm von der Leiche über die Schulter geworfen. Ich hatte noch nie einen Toten gesehen, geschweige denn angefasst. Er war kalt und glitschig vom Regen. Ansonsten war es nicht ekelig oder so. Ich glaube man stellt sich das immer schlimmer vor, aber schwer war er. Ich musste oft nachgreifen, weil mir der Kerl abgerutscht ist. Ich versteh nicht, warum sie ihn nackt bei diesem Wetter durch die Straßen tragen mussten. - Ja, es war nämlich so, dass er splitterfasernackt war.

Irgendwann sind wir endlich in einen Hauseingang eingebogen. Es ging ein Treppenhaus mit einer schmalen Treppe hoch. Das war so eng, dass nur noch zwei den Leichnam tragen konnten. Und das auch nur, weil sie ihn fast senkrecht hielten. Ich bin mit Somni vorausgegangen und ich hätte fast gelacht, als er sagte: „Es sieht so aus, als ob er schweben würde.", denn das stimmte. Aber genau in dem Moment knurrte der eine: „Uff ist der schwer!" und ließ eines der Beine mit einem sehr dumpfen Laut fallen.

Irgendwie war dieser Tote solider als der Rest. Ich weiß auch nicht... Es war als hätte ich eine Brille auf und sähe einige Dinge schärfer als andere.
Na, jedenfalls haben wir dann in einem ziemlich niedrigen Zimmerchen gestanden und eine kleine Frau mit dunklen Haaren und Augen hat gesagt, dass sie den Toten auf das Bett legen sollen. „Setzt euch!", sagte sie. Da nur zwei Schemel in dem Raum standen, setzten Somni und ich uns auf den Boden. Die Frau holte einen dampfenden Topf und füllte den Inhalt in Schalen um. Als sie zu mir kam, zuckte sie zusammen. Sie hat mich ganz entgeistert angesehen und mir die Schale mit einer Art Verbeugung gereicht. Ich war verwirrt. Daraufhin brach der Tumult los. Obwohl, „Tumult" ist eigentlich das falsche Wort. Alle waren auf einmal still und sahen mich an.

„Du bist ein *Proficicsi*! Verzeih mir meine Unwissenheit!", rief der Ältere der beiden weißhaarigen Männer, „Mein Name ist Simon." Er sprang für sein Alter viel zu schnell auf und bot mir den Schemel zum Sitzen an. Ich war perplex. Natürlich habe ich den Alten gebeten sich wieder hinzusetzen und mir zu erklären was ein *Proficisci* ist.

„Lucia, erklär du es.", sagte dieser Simon und ließ sich auf den Schemel zurücksinken. Ich konnte deutlich sehen, dass er ziemlich am Ende war.
Die Frau hat sich noch einmal verbeugt und erst danach angefangen zu reden. Es war eine Stimmung wie in der Kirche. „Seit Menschengedenken", sagte sie, „gibt es die *Proficisci*, die *Wanderer*. Sie erscheinen in besonderen oder kritischen Situationen und helfen. Sie kommen aus „Der Welt" und verschwinden genauso spurlos, wie sie erscheinen. Sie sind nicht wie wir... Wie soll ich das ausdrücken? Sie haben viel mehr Wissen über bestimmte Dinge und wann immer sie auftauchen, bringen sie Frieden. Wir dachten, sie wären unsterblich, aber nun...", sie brach ganz plötzlich ab und fing an zu schluchzen.

Somni sah mich von der Seite an und zeigte auf den Toten. „Christian war auch ein *Proficisci*. Er wollte uns helfen dem Krieg gegen die Merör Einhalt zu gebieten. Die Merör beherrschen das gesamte Gebiet außer Jaru-Salum und einige Städte im Süden. Wir wissen nicht genau, wie Christian gestorben ist. Es ist unglaublich. Er lag in Mitten der anderen Toten auf dem Schlachtfeld. Raphael und Isam (er zeige auf die beiden Dunkelhaarigen) haben ihn unter höchster Gefahr hierher, nach Jaru-Salum geschafft." „Wozu?" habe ich gefragt. Simon sah mich zornig an: „Du kannst einen Boten Gottes nicht unter all den Kadavern auf dem Feld verrotten lassen." Lucia legte ihre Hand auf die Schulter des Alten. Der schlug die Augen nieder und entschuldigte sich. Ich habe mich auch entschuldigt. Ich meinte eigentlich, was sie jetzt mit dem Toten vorhätten.

Sie sahen mich ganz hoffnungsvoll an und fragten ob ich ihn nicht mit in *Die Welt* zurücknehmen könnte. Sie dachten offenbar ich sei so etwas wie ein Engel. Man stelle sich das vor... Da habe ich zum ersten Mal daran gedacht, dass ich ja auch zurück musste. Vielleicht lag mein Körper noch immer auf dem Museumsboden, während ich da `rumsaß. Hoffentlich hatte man mich nicht ins Krankenhaus gebracht, so etwas dachte ich...
Aber wenn ich ihnen helfen wollte, was sie ganz offensichtlich von mir erwarteten, dann musste ich herauskriegen, wie ich hierher gekommen war. Der einzige, der mir da weiterhelfen konnte, war Isam.
Er sagte, dass er einer Proficisci schon als Kind einmal begegnet war. Diese habe ihm auf die gleiche Frage geantwortet, dass das eine Frage des Bewusstseins sei und so weiter. Er hat es nie verstanden, aber ich glaube, ich weiß jetzt wie es geht: Man muss sich vollkommen in die Stimmung des Bildes hineinversetzen. Vielleicht lag es bei mir am Regen. Auf dem Bild herrschte ja auch ein Unwetter.
Du musst mir helfen. Ich muss herauskriegen wie das funktioniert und was mit meinem Welt-Körper passiert, wenn ich Proficisci bin. Vielleicht können wir auch zusammen gehen.
Du glaubst mir doch, oder?
Ich muss gleich morgen wieder ins Museum, ich habe nämlich einen Auftrag. Schau, hier: Das soll ich im Senat abgeben. Da staunst du, wie?
Simon hat es gemacht. Als ich ihnen klar gemacht hatte, dass ich Christians Leichnam unmöglich mit ins Museum nehmen konnte, da waren sie völlig verzweifelt. „Aber was sollen wir denn tun?", hat Lucia gefragt. Ich habe vorgeschlagen ihn zu begraben. Aber damit waren sie auch nicht einverstanden, sondern ganz entsetzt. Es ist nämlich so, dass Proficiscis nicht verfaulen. Mit Christian waren sie schon über zwei Wochen unterwegs.
Lucia hat schließlich darauf bestanden, Cäsar und den Senat über den Krieg und den Rest der Lage zu informieren. Ich verstehe nicht, wie das miteinander zusammenhängt. Wahrscheinlich sind die historischen Gegebenheiten in den Bildern durcheinander geraten. Im Mittelalter haben sie ja auch Jesus und Konsorten in den Alpen gemalt.
Cäsar und der Senat scheinen neutral zu sein. Das muss ich auch herauskriegen. Bitte komm morgen mit. Wir müssen ein Bild mit Cäsar und dem Senat finden. So eins wird es doch geben, oder?
Meine Güte! Ein Treffen mit Cäsar! Somni hat gesagt, dass er versucht nach Rom zu kommen und mich abzuholen. Er sagt, er wartet draußen, weil sie ihn nicht in den Senat `reinlassen. Er sagt, er wird schon rechtzeitig da sein. Wie er das machen will, frage ich mich.
Verrückt, die ganze Sache.
Aber du glaubst mir doch?

Eintrag 1, Über den Besuch bei Hanna

Hanna hat meiner Geschichte zugehört und keinen Kommentar abgegeben. Sie hat mich einfach nur angestarrt. Ich glaube, sie wusste nicht so recht, ob ich sie verschaukeln will oder ob ich selbst glaube, was ich sage. „Was du dir so alles ausdenkst", sagte sie. Ich habe darauf nichts weiter geantwortet und nur meine Bitte mich zu begleiten wiederholt. Und Hanna, die kluge, liebe Hanna hat genickt. Dann hat sie gesagt: „**Du** solltest Somni heißen!" Was sie damit meinte, habe ich sie gefragt.
Sie: „*somnium* ist ‚der Schlaf' oder ‚der Traum'."
Ich war überrascht.Die traurige Wahrheit ist, dass ich in Latein nie gut war. Ich bat sie daher das Ganze, so dass ich es aufschreiben konnte. Überhaupt war es Hannas Idee eine Art Reisetagebuch zu führen. Das hat sie halb ernst, halb spöttisch vorgeschlagen. Und ich habe mir noch am selben Abend eine Mappe zurechtgelegt (vormals meine Biologie Mappe) um alle Erlebnisse aufzuschreiben. Ich komme mir in meiner Begeisterung vor wie ein Paparazzi und schäme mich, da es für Somni, Simon und Lucia schließlich um Krieg und Frieden, vielleicht sogar um Leben und Tod geht. Dabei frage ich mich immer wieder, inwiefern sie sterben könnten. Sie sind doch auf dem Bild und bleiben darauf! Sie können doch nicht davon verschwinden. Andererseits muss es für Somni eine Möglichkeit geben nach Rom zu kommen. Aber was weiß ich schon von der Bildwelt? Ich setze vermutlich zu sehr das voraus, was ich kenne.
Ein alter menschlicher Fehler.
Somni hat versprochen zu kommen, also wird er dort sein. Wie auch immer. Vielleicht fällt es noch nicht einmal auf, wenn er nicht mehr da ist und das Dromedar wegläuft?
Bei einem Passionsbild, da würde es sicher auffallen, wenn Jesus fehlen würde. Obwohl heutzutage... vielleicht noch nicht einmal das...

Eintrag 2, Auf der Suche nach Cäsasr

Am nächsten Tag gingen Hanna und ich gleich nach der Schule zum Kunstmuseum. Simons Botschaft hatte ich den ganzen Tag in meiner rechten Socke mit mir herumgetragen, was auf die Dauer recht unbequem wurde.
Unsere Taschen mussten wir in der Garderobe abgeben, auch die war -wie der Eintritt für Schüler- kostenlos. Die Garderobenfrau guckte so grimmig, als hätten wir versucht sämtliche Rembrandts zu klauen, die das Museum so zu bieten hat. Als wir aber darum baten Papier und Stift mit hinein nehmen

zu dürfen, wurde sie gleich einen Schlag netter. Sie stellte die übliche Frage, ob wir das für die Schule machten. Wir sagten „Ja, ja", und machten uns mit unserem Kram auf die Suche nach Cäsar. Der Garderobendrachen blickte uns nach bis wir um die Ecke waren.
Die ‚Fahndung' gestaltete sich komplizierter, als es zunächst schien. Leider ordnet das Museum die Bilder nicht nach Themengebieten, sondern nach Malern und Epochen.
Hätten wir Engel, Jesusse, Heilige oder Propheten gebraucht, wir hätten uns frei bedienen können! Die Bilder bis 1350 stellten kaum etwas anderes dar. Aber von Cäsar war weit und breit keine Spur.
Wir sind an zig Bildern von der griechischen Mythologie vorbeigekommen. In eins möchte ich nie hineingeraten. Es hieß ‚Das trojanische Pferd' und ist von einem gewissen Giovanni Battista Tiepolo. Menschenmassen zerren darauf ein Pferd Richtung Troja. Das Viech ist riesig und sieht nicht im geringsten so aus, als wäre es aus Holz gemacht, sondern eher aus Bronze. Da ist es bestimmt noch leichter mit Somni ein Dromedar zu bändigen, als diese Kreatur. So weit so gut in der Rokoko-Abteilung.
Hanna hatte schließlich den glorreichen Einfall den Museumsaufseher zu fragen. Der war zunächst sehr erstaunt. Verrückt, oder? Es scheint so, als ob das, was auf dem Bild zu sehen ist, jegliche Bedeutung verloren hat und allein der Name des Malers ausschlaggebend ist.

Er führte uns zu einem im zweiten Stock und wies auf einen riesigen Ölschinken. Dies sei seines Wissens das einzige Bild auf dem Cäsar zu sehen sei. Wir dankten, doch ich konnte das Entsetzen auf meinem Gesicht nur schlecht verbergen. Das Bild hieß ‚Die Ermordung des Cäsar' und stellte ebendiese dar. Hanna lächelte entschuldigend, aber mir war gar nicht zum Lächeln. Wie sollte mir der Kerl denn weiterhelfen, wenn sie ihn vor meinen Augen umbrachten? Ich ließ mich verzweifelt vor dem Bild auf den Boden sinken.
Bruchteile von Sekunden später saß ich auf den Mamorfliesen im römischen Senat. Nur eine Armlänge von mir entfernt lag der Lorbeerkranz, zerrissen und zerknickt. Vor mir tobten die Senatoren. Ich sah nur wirbelnden Stoff, Arme und Dolche.
Noch nie habe ich solche Angst gehabt! Ich sprang auf und schrie „Halt!".
Meine Stimme dröhnte und breitete sich in der Halle aus wie rote Tusche in einem Wasserglas. Sie füllte jede Ecke des Raums und prallte von den Wänden wieder zurück. Die Männer erstarrten, ließen die Dolche fallen. Einige fassten sich an die Ohren, andere fielen wie tot auf die kalten Fliesen. Mittendrin lag Cäsar in einer blutbefleckten Toga. Ich stürzte zu ihm und stellte erleichtert fest, dass er noch lebte. Er röchelte und richtete

sich schließlich auf, ich half ihm. Keiner der Senatoren hinderte mich. Sie waren alle geflüchtet oder lagen regungslos auf dem Boden. War ich doch so eine Art Engel? Hatte ich sie etwa mit meinem Schrei getötet?

Cäsar ließ sich in die erste Reihe auf ein Kissen fallen. Ich hatte einen erste Hilfe Kurs gemacht, aber das war schon zwei Jahre her. Hier gab es sicherlich auch keinen Notruf.
Mein erster vernünftiger Gedanke war, zunächst zu gucken, wie schlimm er verletzt war. Mir war es zu kompliziert, die kunstvoll gewickelte Toga loszuknoten, daher hielt ich es für sinnvoll, sie im Zweifelsfall einfach durchzuschneiden. Ich hob einen der Dolche auf.
Zum ersten Mal sah Cäsar mich an. Angst stand in seinem Gesicht, die grauen Augen waren jedoch herausfordernd auf mich gerichtet.
„Ein Gottesurteil ist ein Gottesurteil." Flüsterte er. Ich begriff zunächst nicht. Ich fasste nach dem Stoff über seiner Schulter. Er zuckte zusammen. Erst jetzt verstand ich, dass er dachte auch **ich** wollte ihn erstechen. „Nein! Nein!", versicherte ich, „Ich will Sie nicht ermorden, ganz und gar nicht. Ich habe eine Botschaft für Sie. - Sie sind doch Cäsar?"
„Gaius Julius, um genau zu sein." Trotz dieser eigenartigen Situation lächelte er ein wenig. Der Mann hatte offenbar Humor.
Ich gab ihm das Pergament, er öffnete es und las. Dann stöhnte er und sagte: „Das ist genau das, was ich befürchtet habe."
Ich tat so, als wüsste ich wovon er redet und nickte. Der Mann vor mir hatte wohl gänzlich vergessen, dass er am Verbluten war. Ich erinnerte ihn daran und gemeinsam pellten wir ihn aus der Toga, so dass er nur noch die Tunika anhatte. Diese war auf Brusthöhe völlig zerrissen und blutig. Als ich aber eine Wunde an der Schulter aus Versehen berührte, klebte grellrotes Blut an meiner Hand. Der beißende Geruch von Nitro stieg mir in die Nase. Aber dort, wo eben noch das Blut seinen Arm hinunter gelaufen war, war keinerlei Verletzung mehr zu sehen. Wie von einem Tintenkiller gelöscht, verblasste das Blut. Oder verschwand es? Wie dem auch sei, bis auf die zerfetzte Tunika, war der Mann unversehrt.
Erfürchtig sah er mich an. „Hält mich der *Erschaffer allen Lebens* für einen so wichtigen Mann, dass er Euch geschickt hat?"
„Wie?" – Schon wieder wurde ich als Engel betrachtet. Was sollte ich auf diese Frage antworten? War ich denn nicht aus eigenem Antrieb gekommen? Wer war der *Erschaffer*? Gott? –
Ich antwortete: „Von ihnen wird erwartet, dass sie den Krieg beenden."
Erst jetzt wird mir klar, dass gedacht haben muss, dass sein Gott dies erwarten würde. Ich meinte jedoch Simon und die anderen. Die Situation war mir unangenehm, ich hatte von nichts eine Ahnung, mischte mich aber

überall ein. Man bedenke: Ich hatte Cäsar gerettet, wie würde die Weltgeschichte sich dadurch verändern? Oder sollte ich lieber ‚Bildgeschichte' sagen?
„Ich muss jetzt gehen", sagte ich. Er nickt verstehend und dankte mir. „Was werden Sie jetzt unternehmen?", erkundigte ich mich. Er antwortete: „Ich werde mich mit meinen Offizieren beraten. Ich habe lange genug versucht die Befehlsgewalt über die Merör zurück zu erlangen."
„Das bedeutet noch mehr Krieg?", fragte ich. „Leider,", bestätigte er, „aber mit dem Segen des Gestalters, werden wir endlich den Frieden wieder herstellen können."
Das alles erinnerte mich sehr an die Rechtfertigung der Kreuzzüge, aber vielleicht hatte er recht. Wir verabschiedeten uns voneinander: Er verbeugte sich, ich reichte ihm die Hand. „Man sieht sich!" sagte ich. Dann ging ich durch das hohe Portal und stand wieder in einem Säulengang. Dort erwartete mich Somni.
„Was hat er gesagt?", fragte er mich, nachdem wir uns begrüßt hatten.
Ich erzählte es ihm, Lucias Worte kamen mir in den Sinn: *„...sie erscheinen in besonderen oder kritischen Situationen..."* Kein Wunder, dachte ich. Bilder, die keine Landschaften darstellen oder Portraits sind, zeigen ja meistens besondere Situationen. Mehr und mehr ging mir auf, wie stark das Leben in Bildwelt und der Welt auseinander drifteten. Trotzdem hingen sie eng zusammen, denn die Maler kamen aus der *Welt*.
Ich erzählte Somni von diesen Gedanken. Er lächelte, sagte aber nichts dazu.
Ich war erschöpft und wollte nur noch nach Hause in mein Bett. Somni verstand das. Er brachte mich über das forum romanum, den berühmten Marktplatz, auf dem das Leben toste, zu einer Seitengasse. Dort war es stiller. „Danke für alles", sagte er. Ich winkte ab.
„Sehen wir uns wieder?", fragte ich. „Bestimmt, wenn du willst.", er blinzelte mir zu, „Du wirst mich finden."
Zack, da war ich wieder im Museum. Hanna hatte sich neben mich gesetzt und sagte gerade: „Nun komm schon. Sei nicht traurig. Es ist doch allgemein bekannt, dass Cäsar ermordet wurde." Es war also offenbar kaum Zeit vergangen, seit ich in das Bild gewandert war.
Eigentlich wollte ich Hanna alles erzählen, aber wie?
Ich werde es bleiben lassen.

(Ich ließ es bleiben. Wir verließen das Museum. Im Eingangsbereich fiel mir ein Bild ins Auge: „Der heilige Kampf"

Ich kann mich getäuscht haben, aber ich glaube Isam im Getümmel zwischen Engeln und Kämpfenden gesehen zu haben. Morgen werde ich mich vergewissern.)

Christin Schulze

Die Sonne geht auf
Menschen ziehen durch Straßen
Es wird langsam Nacht

Katzenartig schön
Jagt der Gepard nach Beute
Bis der Jäger schießt

Die Rose und der Wassertropfen

„Wassertropfen, sieh mich an, ich bin schön und zart! Die Augen aller Menschen, die vorübergehen, richten sich auf mich. Und du? Du bist schlicht und solltest froh sein, dass dich meine Blüten tragen und du ihre Herrlichkeit betrachten darfst", sagte die Rose zum Wassertropfen. Der Wassertropfen aber war traurig und schwieg.
Doch als die nächste Dürre kam und die Rose ganz vertrocknet ihre Blätter hängen ließ, war sie froh, als es endlich wieder regnete. Die Wassertropfen, die sich an den Hochmut der Rose erinnerten, sagten: „Rosenblüte, wären wir nicht um dich zu nähren, wärst du vertrocknet und niemand würde dich auch nur eines einzigen Blickes würdigen. Sei **du** also froh, dass deine Blüten **uns** tragen dürfen!"

Befremdlich

Ihr Mund war geschlossen. Endlich. Endlich lagen ihre unruhigen Kiefer einmal wieder aufeinander, ohne jegliche Bewegung, ohne jegliches Geräusch. Das Mädchen dort in der Sonne hatte aufgehört wie wild ihr Kaugummi zu bearbeiten.
Ich sah zum Himmel empor. Er war blau, ganz ohne Wolken. Hier in der Sonne war es herrlich warm und entspannend. Der Eisbecher würde sicher nicht mehr lange auf sich warten lassen. Ich schloss die Augen – Ruhe.
Doch sie war nur von kurzer Dauer, denn genau in diesem Augenblick begann das Kauen, Katscheln und Einspeicheln erneut. Entsetzt von einem solchen Verhalten öffnete ich die Augen. Wie konnte diese Person nur so taktlos sein, eine solch harmonische Atmosphäre mit diesen grässlichen Geräuschen zu zerstören? Doch es waren nicht wirklich die Geräusche, die mich fast zur Weißglut brachten. Dieser Anblick, wie sie ihren alles zermalmenden Unterkiefer langsam nach unten zog, der Mund sich öffnete und ein grünes Hubba-Bubba sichtbar wurde, wobei mir der Geruch von Apfelaroma in die Nase stieg. Dann schwang sie ihren Kiefer kunstvoll von der linken zur rechten Seite und ließ ihn auf das Speichel triefende Kaugummi donnern.
Immer und immer wieder.
Ich machte ein angewidertes Gesicht und zwang mich mit aller Macht die Augen einfach wieder zu schließen und dieses ekelhafte Verhalten zu ignorieren.
Hoffentlich kamen die Eisbecher bald, dann würde meine beste Freundin vielleicht endlich ihr Kaugummi aus dem Mund nehmen.

Erwachen

Strahlend weißes Licht durchflutete den Raum. Es war so warm und weich, dass Emily es auf ihrer Haut spüren konnte wie einen Mantel aus Seide. Es musste ein Traum sein. Ja, ganz sicher...
Emily sah sich um. Sie stand inmitten einer riesigen Halle, erleuchtet von einem gleißendhellen Licht. Von irgendwoher hörte sie Musik, sie war wunderschön und spielte ganz sanft auf und ab wie das Rauschen des Meeres.
„Das Paradies!", dachte sie mühsam. Ihre Gedanken waren schwer und ganz vernebelt von diesem Ort der Vollkommenheit und des Friedens. Es war ein so wunderschöner Ort; sie wollte nicht wieder aufwachen, nie mehr, sie wollte hier bleiben – für immer.
Emily schloss die Augen und spürte sogleich eine Woge wohltuender Wärme, wie sie sich langsam in ihrem Körper ausbreitete. Sie wehrte sich nicht dagegen, sondern gab sich einfach der Schönheit dieses Ortes hin.
Als sie die Augen wieder öffnete, wusste sie nicht mehr wie lange sie da gestanden hatte – frei von Raum und Zeit. Sie fühlte sich sonderbar erholt, aber zugleich auch irgendwie erschöpft. Sie wollte die Augen wieder schließen um noch einmal eins mit diesem Ort zu werden, doch es gelang ihr nicht. Die Wärme, die sie die ganze Zeit über gespürt hatte, war verschwunden.
Irgendetwas stimmte nicht. Sie sah sich um. Nichts hatte sich verändert. Sie stand noch immer inmitten der riesigen Halle, spürte das Licht und hörte die Musik. Aber irgendetwas war anders, etwas fehlte. Aber was?
Langsam begann sie sich im Kreis zu drehen. Nichts. Alles schien in Ordnung. Und doch, ihr Gefühl sagte Emily, dass etwas ganz und gar nicht in Ordnung war. Sie schloss für einen Moment die Augen um nachzudenken und noch im selben Sekundenbruchteil wusste sie, was dieses Paradies zu einem Trugbild machte: sie war allein.
Entsetzt schlug sie die Augen auf. Nein, sie wollte nicht allein sein. Angst kroch in ihr hoch, ganz langsam, wie ein Gift. Sie versuchte sich zu beruhigen und atmete einmal tief durch. Doch es half nichts, sie wollte einfach nicht allein sein in dieser riesigen Halle.
Panisch drehte sie sich einmal um ihre eigene Achse um nach einem Ausgang zu suchen. Sie fand keinen. Der Raum war an allen vier Wänden gleich, keine Tür, kein Fenster, nichts. Sie sah nach oben, doch sie konnte keine Decke ausmachen.
Das Gefühl der Hilflosigkeit wuchs immer schneller. Was sollte sie jetzt tun? Sie begann zu zittern, es war so kalt geworden und sie hatte solche Angst.

Langsam sah sie an sich herab. Sie stand im Nachthemd auf den weißen Marmorfliesen, die den Boden schmückten. Die Fliesen waren absolut vollkommen nur fühlten sie sich unnatürlich kalt an.
Emily sah wieder auf und im gleichen Moment machte ihr Herz einen schmerzhaften Sprung. Die Wand, die eben noch nur wenige Dutzend Schritte entfernt war, lag nun mehr als hundert Meter weit vor ihr. Wie war das möglich?
Das Gefühl der Angst wuchs zu maßlosem Entsetzen an und Emily begann zu laufen, immer weiter und weiter. Doch auch die Wand schien sich mit jedem Schritt weiter zu entfernen. Emily konnte sie kaum noch vor sich ausmachen und das grelle Licht trieb ihr bereits die Tränen in die Augen. Sie wischte sie mit dem Handrücken weg und lief weiter. Sie konnte kaum noch etwas sehen und sie hatte solche Angst. Sie stolperte und fiel. Sie versuchte zu schreien, doch es gelang ihr nicht. Sie fiel immer weiter in den schwarzen Abgrund, immer weiter und weiter und...

Dann wachte sie auf. Schweißgebadet und am ganzen Leib zitternd rang sie nach Luft. Es war nur ein Traum gewesen.
Schwer atmend setzte sie sich auf und schloss für einen Moment die Augen. Das beklemmende Gefühl der Angst war noch immer da und schnürte ihr fast die Kehle zu. Verzweifelt fragte sie sich, wie oft sie diesen schrecklichen Traum nun schon erlebt hatte.
Emily stieß ein leises Schluchzen aus und presste die Hände vor das Gesicht. Sie fühlte sich ausgelaugt, es sollte endlich aufhören.
Mit einem lauten Seufzer nahm sie die Hände vom Gesicht und sah auf die Uhr. Halb zehn, ob ihre Eltern wohl schon da waren, oder ob ihnen wie immer etwas dazwischen gekommen war? Emily wurde heute 18.
Erneut schloss sie die Augen und zwang sich mit aller Macht zur Ruhe. Sie würde diesen Tag schon überstehen.
Müde stand sie auf und zog sich an. Draußen regnete es und die Welt schien grau und hässlich, so wie sie immer war. Emily öffnete ihre Schlafzimmertür und trat in den Flur hinaus, der selbst im künstlichen Licht der Neonlampen noch sauber glänzte. Ein wenig überrascht fragte sie sich, wie Marie es wohl geschafft hatte das Haus so sauber zu bekommen.
Unten in der Diele traf sie dann auch gleich auf Marie. Sie lief gerade hektisch mit einem Staubwedel in der Hand quer durch die große, mit Marmorfliesen bedeckte Diele und redete leise vor sich hin.
Gedankenverloren lief sie zuerst an Emily vorbei, bis ihr plötzlich einfiel, dass sie etwas vergessen hatte. Mit einem verlegenen Lächeln eilte sie zurück zu einer verdutzt dreinschauenden Emily und begann sogleich damit, ihr die Hand zu schütteln.

„Liebes, Kindchen, du bist schon wach? Hast du auch genug geschlafen? Ach, komm erst mal her und lass dich umarmen", sagte sie und drückte Emily an sich. Emily wollte gerade den Mund aufmachen um etwas zu sagen, doch Marie ließ sie gar nicht zu Wort kommen. „18 Jahre! Wie schnell du doch so groß geworden bist. Es kommt mir vor, als wäre es erst gestern gewesen, dass ich dir die Windeln gewechselt habe und mitten in der Nacht aufgestanden bin um dir dein Fläschchen zu bringen. Ach, ja... Ich wünsch dir erst mal alles Gute!", sagte sie mit einem liebevollen Lächeln und wischte sich eine Träne aus den Augen.
„Danke, ich...", begann Emily lächelnd, wurde aber sofort wieder unterbrochen. „Ach, Liebes, sag jetzt nichts, sonst muss ich wirklich noch weinen und das willst du doch nicht, oder?"
Emily deutete ein Kopfschütteln an, wobei ihr Lächeln noch herzlicher wurde. Wenn es jemanden gab, der Emily immer ein Lächeln entlocken konnte, dann war dies Marie.
„Bist du gar nicht neugierig auf deine Geschenke? Doch, natürlich bist du das, mein kleines Mädchen freut sich doch jedes Jahr am meisten auf die Geschenke", begann Marie erneut.
Geschenke, dachte Emily, wobei ihr leicht verärgerter Blick die vielen, auf einem großen Glastisch liegenden Geschenke streifte. War das etwa das einzige, was überhaupt wichtig war?
Marie, die Emilys Blicke wohl missverstanden haben musste, sagte rasch: „Das ist noch nicht alles. Komm mit, dann zeige ich dir das Geschenk deiner Eltern."
Ohne eine Antwort abzuwarten, ging sie eilig zur großen, zweiflügeligen Haustür und öffnete sie, sodass Emily sich beeilen musste ihr zu folgen.
In der großen, mit Platanen gesäumten Auffahrt stand ein Sportwagen – das Geschenk ihrer Eltern.
Emily trat in die Auffahrt hinaus und ging zum Auto, wobei sich ihr Blick noch weiter verfinsterte. Das war es also, was sich ihre Eltern für ihren 18. Geburtstag ausgedacht hatten! Einmal tief in den Geldbeutel zu greifen! Ihre Anwesenheit wäre ja auch etwas viel zu Außergewöhnliches gewesen, dachte Emily böse.
Marie war inzwischen ebenfalls zum Wagen gekommen und betrachtete fröhlich das sündhaft teure Auto.
„Ein wundervolles Geschenk, nicht wahr?", sagte sie entzückt.
Emily sagte nichts. Sie wollte dieses Auto nicht, sie wollte nur Eltern, die sie liebten.
Marie sah auf die Uhr und stieß einen überraschten Laut aus.

„Oh, schon so spät! Wir sollten besser wieder ins Haus gehen, wir haben noch viel zu tun. Wenn heute nachmittag die Gäste und deine Eltern kommen, willst du doch fertig sein, oder?"
Obwohl Emily stark bezweifelte, dass ihre Eltern überhaupt noch kommen würden, nickte sie, woraufhin Marie zurück ins Haus eilen wollte, sich dann aber noch einmal zu ihr umwandte und sagte: „Ach, und ehe ich es vergesse, du weißt, dass so ein teures Auto zum Stehlen reizt, sei also vorsichtig. Zur Sicherheit hat dein Vater deine Waffe gleich ins Handschuhfach gelegt, nur damit du sie später nicht in deinem alten Auto suchst. So ein hübsches Mädchen wie du kann gar nicht vorsichtig genug sein".
Dann drehte sie sich um und ging zurück zum Haus.
Worauf ich wohl mehr aufpassen soll, auf mich oder auf das Auto, dachte Emily bitter. Wahrscheinlich war ihren Eltern der Wagen mehr wert als das Leben ihrer Tochter.
Emily ballte die Hände zu Fäusten und folgte Marie zurück ins Haus.

Emily hatte den ganzen Mittag keine freie Minute. Nachdem sie wieder ins Haus gegangen war, hatte Marie ihr einen Terminplan vorgelegt. Emily sollte unter anderem ein neues Kleid kaufen gehen und dann noch zum Friseur, damit sie wie die reiche, hübsche Tochter aussah, die sie ja auch war.
Emily hatte kaum genug Zeit gehabt etwas zu essen, als es auch schon an der Tür läutete und die ersten Gäste kamen. Ihre Eltern aber waren noch immer nicht da.
Und so wuchs die Wut in Emilys Inneren – ganz langsam, aber unaufhaltsam.

Müde gab sie Mr. Tovey die Hand und zwang sich zu einem Lächeln.
Der große Saal, der extra für diesen bedeutenden Tag geschmückt worden war, war bereits voller Menschen, die sich unterhielten und Champagner tranken. Es waren alle Gäste gekommen und Emily ging von einem Geschäftspartner ihres Vaters zum anderen, ständig in Begleitung ihrer Tante Betty, die sorgsam darauf achtete, dass Emily sich wie das wohlerzogene Mädchen verhielt, das sie sein sollte.
Emilys Eltern waren allerdings nicht gekommen. Sie hatten versprochen bis zur Party einzutreffen, schließlich wollten sie nicht den 18. Geburtstag ihres „kleinen Engelchens" verpassen und außerdem hatte Vater ja auch wichtige Geschäfte zu besprechen.
Sie hatten ihr Versprechen gebrochen, wie schon so viele Male.

Emily unterhielt sich gerade mit Mrs. White, einer fernen Verwandten mütterlicherseits, die extra für dieses große Ereignis aus den Staaten angereist war. Sie erzählte schon seit geraumer Zeit irgendetwas von ihrer Tochter Emma, die aus diversen Gründen leider nicht mitkommen konnte, und wie ähnlich Emily ihr doch sei.
Aber Emily hörte ihr nicht zu, sie war viel zu sehr mit dem Sturm beschäftigt, der in ihrem Inneren tobte.
Sie hasste ihr Leben so sehr, genauso sehr, wie sie ihre Eltern hasste. Sie würde hier noch verrückt werden und ihre Eltern würden es nicht einmal bemerken. Für sie gab es eben wichtigeres als ihre Tochter. Es reichte schließlich, wenn Emily einen Pool zum Planschen hatte, da braucht man ja keine Eltern mehr, die sich um einen sorgen und einen lieben, dachte sie.
Sie wollte diese Eltern nicht mehr, genauso wenig wie sie dieses oberflächliche Leben wollte. Sie hasste es so sehr mit diesen wildfremden Menschen über so berauschende Themen wie Geld, Champagnerpartys und Designermode zu reden.
Warum feierte sie ihren 18. Geburtstag denn nicht mit ihren eigenen Freunden?
Der Gedanke schmerzte sie. Wen hätte sie schon einladen können? Jemanden, der zusammen mit ihr auf die Privatschule ging? Die Party hätte genauso ausgesehen wie jetzt auch.
Jemand stieß sie von hinten an und riss sie aus ihren Gedanken. Emily drehte sich um und sah in das Gesicht eines alten, grauhaarigen Mannes, der gerade den Mund aufmachen wollte um sich wortreich bei ihr zu entschuldigen. Doch in diesem Augenblick kam Marie in den Saal gestürzt und eilte auf Emily zu. Völlig außer Atem sagte sie: „Fräulein, ihre Mutter ist am Telefon und möchte sie gerne sprechen".
Höflich nickte Emily, bedankte sich bei Marie und ging noch in der gleichen Bewegung mit ihr zurück in die Diele zu einem der Telefone. Den grauhaarigen Mann, Tante Betty und Mrs. White ließ sie ohne ein Wort im Saal zurück.
Emily war gespannt, was ihre Eltern diesmal für eine Ausrede hatten.
„Hallo Spätzchen, alles Liebe und Gute wünsche ich dir zu deinem Geburtstag! Gefällt dir dein Geschenk?", begann ihre Mutter am anderen Ende der Leitung.
„Warum seid ihr nicht gekommen?", fragte Emily unwirsch, ohne auf die Frage ihrer Mutter einzugehen.
„Liebes, es tut mir leid, aber wir sitzen hier fest. Dein Vater hatte noch dringend etwas zu erledigen, sodass wir unseren Flieger verpasst haben", begann ihre Mutter verlegen sich zu rechtfertigen.

Emily war enttäuscht. Was gab es wichtigeres als den 18. Geburtstag ihrer Tochter? Nichts, dachte sie.
Sie war nicht nur enttäuscht, sie war unglaublich wütend. Aber sie hatte sich zu gut in der Gewalt, als dass sie die Beherrschung verlieren würde.
„Ihr habt es mir versprochen!", sagte sie vorwurfsvoll.
„Mach es uns doch nicht so schwer. Wir können doch morgen noch einmal feiern. Ich weiß gar nicht... "
„Das wäre nicht dasselbe", unterbrach Emily ihre Mutter, „Hast du überhaupt eine Ahnung wie das ist, wenn man an seinem 18. Geburtstag von seinen Eltern im Stich gelassen wird und den ganzen Tag mit wildfremden Menschen verbringen muss? Hast du überhaupt nur den Hauch einer Ahnung wie enttäuschend das ist?", Emily ballte die Fäuste. Wie konnte ihre Mutter glauben, dass „morgen" auch noch ein schöner Tag zum Feiern wäre? Scheinbar verstand sie nicht, worum es ging. Doch Emilys Mutter zeigte sich so kühl wie immer, als sie sagte: „Du solltest dich besser benehmen, du bist doch kein kleines Kind mehr! Schließlich hast du doch bekommen was du wolltest, also mach jetzt bitte kein Theater. Oder war dir der Wagen etwa nicht genug?"
Emily stockte der Atem.
„Glaubst du wirklich, dass ich so oberflächlich bin und es mir nur ums Geld geht? Denkst du wirklich, es wäre genug, wenn du mir bei jeder Gelegenheit ein Geschenk gibst, damit du hinterher wieder deine Ruhe hast? Wenn du wirklich so denkst, dann tut es mir leid für dich, aber *ich* wollte keinen Geldautomaten, sondern eine Mutter!", Emily schrie fast.
„Sprich nicht in diesem Ton mit mir!", sagte Emilys Mutter gepresst.
„Also gut", sagte Emily bitter und legte den Hörer auf die Gabel. Ihre Augen hatten sich mit Tränen gefüllt und das Gefühl der Hilflosigkeit war so stark, dass sie fast wahnsinnig wurde. Sie hasste ihre Eltern für das, was sie ihr angetan hatten.
In diesem Moment betrat Marie die Diele. Wutentbrannt drehte sich Emily zu ihr um und es schien, als würde sie ihre schlechte Laune nun auf Marie entladen. Doch Emily wollte sie nicht anschreien. Wenn es je einen Menschen gegeben hatte, mit dem Emily hatte reden können, dann war es Marie gewesen. Nein, sie wollte Marie nicht anschreien, nur weil es gerade niemand anderen gab, an dem sie ihre Wut auslassen konnte. Also wandte sie sich um und ging hinaus auf den Hof.
Sie war noch immer rasend vor Zorn und hatte einfach keine Lust mehr sich wie ein braves, kleines Mädchen zu benehmen, deshalb setzte sie sich in ihren Wagen und fuhr los, ohne zu wissen wohin.

Was hatte das Leben für einen Sinn?

Diese Frage schoss Emily immer wieder durch den Kopf, während sie die Landstraße entlang fuhr – zweifellos viel zu schnell.
Ihre Wut war verraucht und Emily fühlte jetzt nur noch eine bedrückende Leere in ihrem Inneren. Aber da war noch etwas. Dieses Empfinden war ihr völlig neu und doch spürte sie ganz deutlich, wie sich ein Gefühl eisiger Kälte langsam in ihre Gedanken schlich.
Emily hasste ihre Eltern nicht. Nein, sie war enttäuscht, nicht nur von ihren Eltern, sondern von ihrem ganzen Leben. Und das war etwas, das ihr noch tausendmal schlimmer erschien, als aller Hass und Zorn dieser Welt. Sie fühlte sich allein gelassen – von allen.
Und das Schlimmste war, dass sie es schon immer gewesen war. Sie hatte es nur nie wahrhaben wollen.
Es würde niemanden stören, wenn sie überhaupt nicht existieren würde. Niemand würde sie vermissen, und schon gar nicht ihre Eltern. Warum also sollte sie sich diese Qualen noch länger antun?
Etwas riss sie aus ihren Gedanken.
Sie war mittlerweile wieder in einen Ort gekommen und sah, wie eine Mutter mit ihren beiden Kindern den Bürgersteig entlang ging. Das eine Kind war noch klein, es ging zwischen seiner Mutter und seiner Schwester und hielt die beiden an den Händen – und sie lachten.
Ihr Anblick versetzte Emily einen schmerzhaften Stich in die Seite. Sie lachten, weil sie einfach glücklich waren zusammenzusein. Es waren ganz einfache Menschen, die sich über ganz einfache Dinge freuten. Dinge, die Emily nie erlebt hatte.
Doch bevor Emily noch weiter darüber nachdenken konnte, waren die drei auch schon wieder hinter ihr verschwunden.
Emily wünschte sich so sehr, so zu sein wie sie. Was nützte es viel Geld zu haben, wenn man von der wichtigsten Sache dieser Welt nicht einmal einen Hauch zu spüren bekam? Was war schon ein Leben ohne Liebe?
Irgendwann bog Emily in eine kleine Gasse ein. Sie wusste nicht warum und es war ihr auch völlig gleichgültig. Es war eine schmale, dunkle Straße, und die Häuser, die sie zur Linken und zur Rechten säumten, waren schäbig und schmutzig.
In diesem Augenblick überquerte eine Katze direkt vor Emilys Wagen die Straße.
Emily reagierte ganz instinktiv. Die Katze war zu nah um noch bremsen zu können, also versuchte sie auszuweichen und fuhr mit einem lauten Knall gegen eine Hauswand.
Emily wurde in den Gurt geschleudert und stieß einen erstickenden Laut aus. Alles begann sich vor ihr im Kreis zu drehen und sie spürte einen

pochenden Schmerz in ihrer Schläfe. Sie schloss die Augen und spürte sogleich Übelkeit in sich empor kriechen.
Es war nicht leicht, doch nach einigen Minuten hatte Emily die Übelkeit so weit bekämpft, dass sie ihre Augen wieder öffnen konnte. Die Welt hatte aufgehört sich vor ihren Augen wie wild im Kreis zu drehen, und auch die Kopfschmerzen hatten wieder nachgelassen.
Emily sah in den Rückspiegel und entdeckte eine kleine Platzwunde auf ihrer Stirn, die noch immer blutete. Aber ansonsten war sie unverletzt.
Vorsichtig stieg sie aus dem Wagen aus und sah, dass der vordere Teil des Autos komplett zerstört war. Im ersten Moment überkam sie ein Gefühl der Angst. Wie sollte sie *das* ihren Eltern erklären?
Doch es hielt nicht lange an, und je länger Emily den Wagen betrachtete, um so gleichgültiger wurde ihr alles. Es war nur ein zerstörtes Stück Blech – genauso zerstört wie ihr ganzes Leben. Und mit diesem Gedanken war die Kälte in ihrem Inneren wieder da.
Es ist vorbei, schoss es ihr durch den Kopf.
Langsam ging sie zurück zum Wagen und setzte sich hinein. Dumpf sah sie durch die zertrümmerte Windschutzscheibe aus ihrem Auto hinaus.
Der Traum dieser Nacht hatte den ganzen Tag über in ihrem Hinterkopf geschlummert, doch jetzt kamen die Bilder langsam zurück. Sie nisteten sich in ihre Gedanken ein und begannen dort zu wirken, wie ein grausames Gift.
Emily saß lange da und starrte einfach nur auf die Scherben der kaputten Glasscheibe, bis die Kälte schier unerträglich wurde.
Dann fiel ihr Blick auf die Pistole – sie war durch den Unfall aus dem Handschuhfach herausgeschleudert worden.
Es ist vorbei, dachte Emily erneut, nahm die Pistole und schoss.
Durch den Ruck wurde ihr Kopf nach hinten gerissen. Sie merkte, dass die Kugel nur ihre Stirn streifte, denn sie spürte noch immer diese eisige Kälte, wie sie sich in ihre Gedanken schlich, ganz langsam und leise. Dann verlor sie endgültig das Bewusstsein.

Als Emily erwachte, spürte sie einen dumpfen Schmerz in ihrem ganzen Kopf. Sie wusste nicht mehr genau was passiert war, es war alles so verschwommen und dunkel. Ja, dunkel und kalt.
Dann fiel ihr alles wieder ein und sie wünschte sich, dass sie sie hätten liegen und sterben lassen.

Martyna Starosta

Spielplan

Oben haben sie ohne mich angefangen. Ich sitze da, die Finger streichen über die Tasche. Warte. Sie fangen immer ohne mich an. Im Spiegel ein weißes Gesicht. Weiß, wie Tigerzähne. Ein Gesicht, an das man sich nicht mehr erinnert, sollte man ihm wieder begegnen. Ich setze mich auf Jasmins Platz, an ihren überfüllten Tisch, greife nach einem der Lippenstifte. Das Rot passt gut zu der hellen Schürze meines Kleides. Gestern sind sie von ihrer Reise zurückgekommen. Jasmin hat gesagt, es sei sehr schön gewesen. Alle Vorstellungen ausverkauft und das Publikum begeistert. Sie wäre müde von den vielen Verbeugungen. Müde, aber glücklich, so hat sie es beschrieben.
Ich habe nicht vergessen, wie ich sie gefragt habe. Heute ist es mir unangenehm. Ich habe gefragt, wann wir denn fahren würden. Erst ist es still geworden, dann hat sie das „wir" wiederholt – „also wir". Hat eine Pause gemacht, um an mir vorbeizuschauen. „Weißt Du, Teresa, also Marc meint, wir könnten die Waffe von Anfang an in die Schublade legen. Statt nach dir zu rufen, hole ich sie einfach zum richtigen Zeitpunkt hervor." Ich habe nichts gesagt. „Versteh mich bitte nicht falsch, es ist natürlich nicht dasselbe, es wird auch nicht denselben Eindruck machen, wie sonst. Aber Marc sagt, es gehe nicht anders. Wir können die Kosten nicht unnötig in die Höhe treiben." Noch eine Pause. Und dann, ihre Stimme hat wie die einer Mutter geklungen: „Es ist nicht üblich, dass Statisten mitreisen auf auswärtige Aufführungen." Ich habe genickt. Mehrmals. Und leicht mit den Schultern gezuckt, es war nicht weiter wichtig.

Auf dem schwarzen Brett, an den Spiegel gelehnt, steht die kleine Handtasche und blickt mich an. Ich schaue zurück. Dunkelrot, mit kleinen Silbersteinchen bestickt. Weder sie noch ich sind besonders schön. Aber unsere Aufgabe haben wir beide immer ausgeführt. Die ist nicht so einfach, wie es auf den ersten Blick erscheint. Jedes Mal, wenn die Lady von der Untreue ihres Geliebten erfährt, ruft sie nach uns. Ich trage die Handtasche, die Handtasche selbst trägt eine Waffe in sich. Ich überreiche der Lady die Tasche, sie holt den Revolver hervor und erschießt John. Ich gehe ab, die Handtasche bleibt auf dem Tisch liegen. So war es bisher immer gewesen. Haben wir nicht gut gearbeitet? Waren wir nicht da, wenn die Lady uns rief? Waren wir nicht jedesmal da? Es ist nicht dasselbe jemandem eine

Waffe zu bringen, wie zum Beispiel einen Tee oder eine Vase voll Wasser. Wir wissen ja von Anfang an, weshalb man uns ruft. Wissen, dass sie die Waffe erwartet. Wissen bereits vor dem Aufwachen morgens, dass sie ihn umbringen wird, und dass mit unserer Hilfe. Wir wissen all dies und kommen dennoch jedesmal, wenn sie uns ruft. Und dann ändern sie alles. Dann sagen sie, man könne den Revolver auch gleich in die Schublade des Tisches legen. Die Waffe könne sich von Anfang an auf der Bühne befinden. Das sagen sie jetzt, nachdem wir uns so viele Abende lang schon mitschuldig gemacht haben an einem Verbrechen, mit dem wir sonst nicht in Berührung gekommen wären.

Die Haarnadeln tun mir weh. Die Haare fallen die ganze Zeit raus. Das Kleid ist eng und viel zu kurz. Im Umkleideraum ist es stickig und es gibt wenig Licht. Obwohl es kein Fenster gibt, weiß ich, dass der Tag heute genauso lang ist wie die Nacht. Ich stehe auf und werfe ein letztes Lächeln in den Spiegel hinein. Es könnte Frühling sein. Es könnte Herbst sein.

„Ana, könntest du mir bitte meine Handtasche bringen?" Das ist mein Stichwort. Vier Stufen. Zwei Schritte. Jedes Mal, wenn ich die Bühne betrete, werde ich für einige Augenblicke blind vor soviel Scheinwerferlicht. Die Bühne ist groß, die Bühne ist überall. Aber ich kenne meine Schritte genau. Die Lady sitzt immer an derselben Stelle, vorne rechts auf ihrem Stuhl. Sie liest gerade den Brief, in dem sie erfährt, dass John eine Geliebte hat. Es ist immer wieder der gleiche Brief. Immer wieder dieselbe Geliebte. Ohne von dem Papier aufzuschauen, hält sie mir die weiße Hand hin. Sie sagt „Danke", will schon nach der Tasche greifen, da fällt sie mir runter, ich hebe sie auf, nun hat sich doch eine Strähne gelöst. Jetzt blickt sie mich an. Meine Wangen glühen. Ich greife nach der Hand der Lady und lege sie mit der Außenfläche an mein Gesicht, um sie die Wärme spüren zu lassen. Sie zieht sie zurück. „Ana bitte," sie bleibt trotz allem in ihrer Rolle. Dann fasst sie die Handtasche, zieht an ihr, ich lasse nicht los. Sie gewinnt, ich bleibe mit den Henkel in der Hand stehen. Drehe mich um, mein Auftritt ist beendet.

Kurz vor meinem Abgang kann ich der Versuchung nicht widerstehen, mich noch ein letztes Mal umzudrehen. Sie sitzt immer noch da, die Handtasche in Schoß. Ich höre die Stimme der Souffleuse: „Ich werde ihn umbringen." Die Lady aber sagt nichts. Von unten wird derselbe Satz wiederholt, diesmal so laut, dass man ihn bereits in den ersten Reihen hören muss.

Auf der rechten Seite tritt jetzt John auf. Nichtsahnend, so als hätte er sich nach so vielen Auftritten nicht merken können, dass er an dieser Stelle von seiner eifersüchtigen Frau erschossen wird.

Die rotsilberne Handtasche aber ist leer. Plötzlich wird die Lady für einen kurzen Augenblick wieder zu Jasmin, schaut in die Leere. Fängt sich dann wieder, improvisiert, sagt ihm, dass sie ihn liebe. Er reagiert spontan und umarmt sie. Eine Weile stehen sie so da und flüstern einander zu. Vielleicht erzählt sie ihm von der leeren Tasche, vielleicht ist es auch eine Übung aus der Schauspielschule. Er küsst sie auf die Stirn. Sie lächelt.
Ich bin schon wieder auf den Stufen, drehe mich dann aber um und gehe zurück auf die Bühnenmitte, stelle mich neben die Lady und sage halb zu ihr, halb zum Publikum gewandt: „Er hat sie doch betrogen, wissen Sie das nicht mehr?" Einige vereinzelte Zuschauer beginnen Beifall zu klatschen. Sie aber greift nach meinem Arm, hält mich einen Moment fest, sucht nach Worten mich zu warnen, mich aufzuhalten. „Teresa," flüstert sie. „Mein Name ist Ana," entgegne ich ihr. Reiße mich los und gehe zu John. „Sie will dich umbringen," verrate ich ihm, als ich ganz nah bei ihm stehe. Wieder Applaus, diesmal noch lauter.
Ohne das Paar weiter zu beobachten, bücke ich mich nach der Handtasche und dem abgerissenem Henkel. Die Silbersteinchen auf dem roten Stoff glänzen weiß im Licht der Scheinwerfer.

In der Garderobe beginne ich mir die Klammern aus dem Haar zu ziehen. Ich nehme auch eine der Spangen ab und betrachte sie eine Weile. Seltsam, dass sie da oben weiter spielen, einige Zuschauer müssen das Stück doch bereits kennen. Das wäre das erste Mal, dass ein John überlebt. Wenn ich die Klammer öffne, macht sie ein komisches Geräusch, das eine Weile vibriert, bevor es ausklingt. Meine Lippen sind ein wenig verschmiert. Ich schminke mich erneut. Diesmal so stark, dass das Rot über die Ränder tritt. Ich denke an die Lady und den lebenden John. Die Augen tusche ich mir schwarz.
Mein Blick fällt auf die Handtasche. In dem gelben Licht der Garderobe sieht sie gewöhnlich aus. Wir betrachten uns eine Weile. Sie gehört auf die Bühne. Wir gehören auf die Bühne.

Als wir die Bühne das zweite Mal betreten, das zweite Mal gegen das Licht blinzeln, wird es einen Moment lang still um uns. Sie liegen auf dem Bett, sprechen miteinander, ohne dass ihre Worte Sinn ergeben. Schauen an uns vorbei, so als wollten sie Zeit gewinnen. Ich gehe auf sie zu, bleibe bei der Lady stehen. „Ich komme, um mich zu entschuldigen.". Sie schaut auf, unterdrückt ihre Wut, weil sie keine Worte findet, die der Situation angemessen wären. Ich werfe ihr die Handtasche in die Arme. Sie fängt sie reflexartig auf, gewinnt sofort ihre Selbstbeherrschung wieder. „Vielen Dank, Ana, aber du siehst, wir sind beschäftigt." Ich setze mich auf ihren

Stuhl, auf ihren Platz. „Öffnen Sie die Tasche." Dann: „Was sehen Sie?" – „Nichts." Ich schlage langsam, sehr langsam die Beine übereinander. „Nichts?" – „Den Revolver." Ich fordere sie auf, die Waffe rauszunehmen. „Es ist noch nicht zu spät," meine Stimme ist leise und angenehm. John sagt nichts. Die Lady sitzt im Bett, mit dem Revolver in der weißen Hand. Ich nehme mir ein Glas, es ist noch nicht benutzt, und schenke mir von dem Rotwein ein, der auf dem Tisch steht. „Erschießen sie ihn doch. War es nicht das, was sie wollten?" Es ist tatsächlich richtiger Wein. „Das wollten Sie doch."

Die Lady steht auf. Schaut mich an. Das Nachthemd reicht ihr nur bis zu den Knien. John sieht gleichgültig aus, so als würde er das Sterben mittlerweile der Improvisation vorziehen. Aus der Dunkelheit hört man jemanden „Umbringen" rufen. Die Stimme vervielfacht sich. Die Rufe werden lauter, fordernder. Die Lady ist unentschlossen. John beginnt zu lachen. Ein Lachen derer, die nicht mehr weiter wissen. Sie deutet ihm mit einer zögernden Geste an, das Bett zu verlassen. „Stell dich dort hin. Da beim Schrank." Sie stehen sich gegenüber, jeder auf der anderen Seite des Bettes. Sie zielt auf ihn, blickt dann zu mir. Ich nicke. Sie drückt ab.

Der Schuss dauert einen Wimpernschlag lang. Es ist nicht annähernd so laut wie sonst. Das Publikum bricht die Stille. Der Applaus wird lauter, dichter, erfüllt den Raum. Der Vorhang wird zugezogen. Der Vorhang öffnet sich. Die Lady kniet neben John. Weint, beweint ihn. Ich nähere mich ihr, um ihr über das Haar zu streichen. „Warum weinen Sie denn? Sie haben es doch so gewollt". Sie reagiert nicht. Steht dann auf, geht langsam an den Rand der Bühne, fragt in die Dunkelheit des Zuschauerraumes hinein: „Warum kommt denn niemand?"

Manchmal scheint Japan nicht fern

Ich fand sie schlafend in meinem Koffer. Noch standen wir still. In einem Quadrat aus Leder lag sie zusammengekauert, einem Embryo ähnlich. An ihre Brust heilt sie eine blaue Plastiktüte gepresst. Der Lichteinfall ließ sie blinzeln.
Ich strich ihr mit der Hand leicht über die Schulter und wir schauten uns an. Draußen auf dem Gang Schritte und Stimmen. Sie stieg aus dem Koffer und setzte sich mir gegenüber. Der Bahnhof bewegte sich. Der Zug fuhr an. Rückwärts. Sie war so klein, dass ihre Schuhe den Boden nicht berührten. „Ich hatte kein Geld." Die Bewegung des Zuges nahm einen schwerfälligen Klang an, unterbrochen von leisen rhythmischen Schlägen. Ich fragte sie nach den Sachen, die im Koffer gewesen waren. Sie blickte aus dem Fenster. Dort wo die Stadt aufhörte. Sie habe alles rausgenommen und am Bahnhof gelassen. „Es war kein Platz für mich." Ich dachte eine Stunde zurück, aber ich konnte mich nicht an den Moment erinnern, an dem ich die Tasche unbeobachtet gelassen hatte. Und dann, auf dem Weg zum Zug, sie war doch ganz leicht gewesen. Sie bot mir ein Stück Schokolade in Silberpapier an. Es schmeckte hart und süß. Ich stellte mir vor, wie sie in den Koffer gekrochen war und wie ich sie getragen hatte.
Der Zug begann nun leise zu donnern. Knarren auf dem Gang. Niemand war in unser Abteil gekommen. Wir teilten uns die Nähe aus Dunkelrot. Sie zog ihren Schal, ihren viel zu langen Schal aus und begann aus der blauen Plastiktüte Kleidung zu holen. Nicht viel. Unterwäsche, eine Hose, ein Hemd. Sie sagte, sie wolle die Sachen waschen. Ich half ihr die Schiebetür zu öffnen. Der Zug blieb in Bewegung. Ich blieb in Bewegung, ohne mich anzustrengen. Niemals wirklich stehen bleiben. Niemals aussteigen oder immer aussteigen. Immer in Bewegung bleiben.
Sie kehrte zurück und legte die Sachen auf die kleine Heizung am Fenster. Ihr Kinn war dort, wo die Fensterscheibe begann. Weiße Landschaften und wir zogen aneinander vorbei. Aus den Lautsprechern drang unaufhörliches Rauschen, das sich nicht abstellen ließ. Vielleicht war es Musik.
Es wurde dunkel und ich ging in das Restaurant. Der Gang war lang und schmal. Hier konnte man sich nicht verirren. Ich blickte in die anderen Abteilfenster hinein, die Scheiben waren schmutzig, die Menschen nicht wirklich zu erkennen. Überall hatten sie ihre Sachen ausgebreitet. Überall wollten sie sich zu Hause fühlen. Und sei es auch nur in einem vier Quadratmeter großen Raum, der durch die Landschaft glitt.
Der Boden zitterte und ich musste vorsichtig gehen. Fast wie auf dem Deck eines Schiffes. Aber das Schiff konnte sich verlieren auf dem Meer. Der Zug

hatte Schienen. Mit Brot, Honig und Tee auf einem Tablett aus gelbem Plastik, wie auch die Teller und das Besteck aus Plastik waren, kehrte ich zurück. Das Brot schmeckte nach den Händen, die es geformt hatten. Der Tee war und bitter. Wir teilten uns die Stille, bis sie sie brach. „Du bist nicht glücklich."
Wir verabredeten uns abwechselnd zu schlafen. Es machte nicht viel Sinn, weil wir nicht viel besaßen, was man uns hätte stehen können. Wahrscheinlich wären wir auch zu zweit nicht in der Lage gewesen, uns zu wehren. Aber unser Beschluss glich einem Schwur, einer Verschwörung. Uns zu bewachen, zu verteidigen, uns füreinander verantwortlich zu machen.

Ich deckte sie mit einem Lacken zu und legte darüber eine Decke aus Wolle. Ich war ihr dankbar. Dunkelgrün war diese Decke, so als hätte ich eine Zwergin auf einer Wiese gefunden und frisches Laub auf ihren schlafenden Körper gelegt.
Mitten in die Dunkelheit hinein fragte ich sie, wohin sie fahren. Sie schlief schon. Später, irgendwann, „Nach Japan, vielleicht".
Draußen Sternenpunkte. Ich war mir nicht sicher, ob wir uns nach vorne bewegten oder zurück. Vielleicht würden wir nie ankommen. Vielleicht standen wir still. Vielleicht war es auch nicht wichtig.
Ihre Wimpern zitterten leicht im Schlaf. Ihr Gesicht glich nicht mehr dem eines Kindes, sondern jemandem, der das Leben bereits kennt.
Ich holte aus meinem Rucksack die Landkarten heraus, meinen Kalender, das Buch mit den Adressen, Briefe, Fotos. Ich begann alles zu zerreißen. Langsam und sorgfältig. Ich wollte vor vorne beginnen.
Morgens erwachte sie von dem Geräusch des reißenden Papiers. Aber sie fragte nicht. Stand auf und befühlte die Sachen auf der Heizung. Dann hauchte sie und malte Geschichten an die Fensterscheibe. Draußen weiße Bilder. Ab und zu Krähen. Schwarze Fixpunkte, aber nein auch sie bewegten sich.
Nun deckte sich mich zu. Und obwohl es das erste Mal war, erschien es mir wie ein Ritual. Das Bett war an einigen Stellen aufgerissen und wieder genäht worden. Ich fragte mich, wer hier vor mir geschlafen hatte, und wer hier nach mir schlafen wird. Aber vielleicht war auch das nicht wichtig.
Ich träumte von Bahnhöfen. Wenn man den Bahnhof sieht, bildet man sich ein, die ganze Stadt zu kenne. Man geht dann nicht mehr weiter. Ich träumte auch von einer Tänzerin, deren Schritte wie Klopfen klangen. Und von einem Flüstern, das ich nicht verstand, so als wäre es eine fremde Sprache.
Als ich wach wurde, war sie nicht mehr da.

Ich wartete. Dann fiel mir auf, dass sie die Sachen von der Heizung genommen hatte. Mitgenommen. Ich begann sie auf dem Gang zu suchen. Ging immer geradeaus. Der Boden schwankte, so als wäre das Schiff in einen Sturm geraten. Ich hielt mich mit beiden Händen an den Wänden fest. So stellte ich mir ein Erdbeben vor. Ich ging immer schneller. Man konnte sich nicht verirren, aber man kam sich so verloren vor. Menschen standen im Weg. Versperrten ihn. Es ekelte mich vor Berührungen. Der Gang wurde immer schmaler. Dann war ich an der Spitze angekommen. Weiter ging es nicht mehr. Ich ging zurück, bat dieselben Menschen zum zweiten Mal um Entschuldigung. Alles schwankte. Ich spürte das Bedürfnis, mich an denjenigen zu klammern, der mir als nächstes entgegenkam. Ich ging weiter. Irgendwann das andere Ende. Ich begann an jedes Abteil zu klopfen, um nach einem kleinen Mädchen zu fragen. Wenn gerade geschlafen wurde, öffnete ich trotzdem die Tür und schaute nach ihr. Gleichzeitig hatte ich Angst, ich würde sie auf dem Gang verpassen. Mir wurden schwindelig.

Ich ging zurück zu meinem eigenen Abteil, in der Hoffnung sie wieder zu finden. Draußen dieselbe weiße Landschaft, ab und zu grüne Flecken. Mein Blick fiel auf den Koffer und ich holte ihn herunter. Strich über das braune Leder, öffnete ihn. Er war leer. Ich war wieder allein.

Springen

Der Tag ist 6.251 Sprünge alt. Mir fallen keine Lieder mehr ein. Der Mund ist trocken. Ich beginne zu zählen. Das ist nicht anstrengend. So kann ich die Zeit messen, die Stille brechen, eine Stimme hören und sei es auch nur die eigene.
Der Wind hat die Berge aus Ocker abgetragen. Jetzt ist alles flach. Über mir spannt sich ein blaues Zirkuszelt auf. Darin ein ganzer Zoo aus Wolkentieren. Flamingos und brennende Giraffen.
Ich ziehe die Sandalen aus, lasse sie im Sand liegen. Barfuß kann ich besser springen, den Schmerz werde ich ertragen.
Mein Seil schneidet die Luft. Ich versuche jedes Mal ein wenig höher und ein wenig weiter zu springen. Mit jedem Sprung entferne ich mich von der kleinen Kirche. Nun ist mein eigener Atem lauter als das Widerhallen der Glocken. Ich kann auch über kreuz springen und mit beiden Beinen gleichzeitig. Oder abwechselnd, so als würde ich rennen. Bald werden die Glockenschläge unsichtbar werden.
Mitten in der Wüste in Sandkuhlen, Vogeleier überall. 41 habe ich schon zertreten, bis ich merke, dass grünbraun gesprenkelte Splitter und ein wenig Dotter an meiner Haut kleben bleiben.
Meine Füße versinken jedes Mal für einen Moment im Sand. Unter der Oberfläche ist er kühl. Manchmal klettern mir Käfer über die Beine. Manchmal bin ich glücklich.
Mein Schatten ist groß und dünn und springt mit mir.
Ich trete auch auf 82 Muscheln, die vor langer Zeit angespült wurden. Die gefangenen Tiere, längst entflohen oder ausgetrocknet. Wenn man sie ans Ohr hält bleiben sie stumm.
24 Kakteen sind mir bisher begegnet, einige doppelt so groß wie ich. Ich habe ihre Äste mit dem Seil aufgeschnitten. Die Milch ist süß. Einige tragen Früchte, die ausreichen, um den Hunger zu stillen. An der Schnur bleiben unsichtbare Dornen zurück.
8.932 Sprünge schon, beim Zählen schlucke ich ab und zu Sand. Dann weiß ich nicht mehr, ob ich huste oder lache.
Auf meinem Körper rote Beulen, 35 Insektenstiche allein an Armen und Beinen.
Von weitem kann ich ein Pferd erkennen, es trägt die Farben der Wüste in seiner Mähne und schläft im Stehen.

Manchmal begleiten mich meine Brüder und Schwestern. Sie lassen keine Spuren zurück. Ihre Stimmen weisen mir den Weg, aber es sind so viele, dass

ich mich verirre. Dann bleibe ich stehen, hole Atem und beginne mich wie ein kleines Flugzeug mit nur einem Flügel zu drehen. Den Kopf immer zuerst, so wird mir nicht schwindelig. Ich halte an und gehe meinem linken Zeigefinger nach. Ich weiß, dass ich mich dem Wasser nähere. Irgendwann werden Himmel und Wasser zu einer Fläche verschmolzen sein.
9.450 Sprünge. Ich führe die Hand zu den Augen, Sandkörner haben sich in den Wimpern verfangen und lassen mich für Augenblicke erblinden.
Als ich sie wieder öffne, zähle ich 19 weißledrige Elefanten, die in einer Karawane vorüberziehen. Auf ihrem Rücken tragen sie Städte, die erst entstehen werden. Ich winke ihnen zu. Sie schenken mir einen Pfirsich und ein wenig Regen.

Ich fange an zu rennen, so schnell ich kann, ohne über das Seil zu stolpern. Du weißt, ich habe dir nichts versprochen.

Auf meinem Kleid trage ich die Wüstenlandschaft gestickt. Mit jedem Sprung entwirren sich einzelne Fäden, die meisten gelb, orange und ockerfarben, um sich zu einem neuen Mosaik zusammenzufügen. Die Sonne färbt alles rot, bald wird nichts mehr zu erkennen sein.
11.329 Sprünge. Mein Seil verknotet sich in der Luft. Ich knie mich hin, male Geräusche in den Sand. Dann lege ich mich auf den Bauch, lasse mich in das Ocker hineingleiten.
Unter meiner Brust kann ich die Choreographie einer Insektenkolonie beben fühlen. 3.279.326 flügellose Ameisen. Ich bin das Zentrum, von hier aus verteilen sie sich in die ganze Welt.

Du glättest meine Gänsehaut nicht, als du mich aufhebst, um mich in das Dorf zurückzutragen. Du kennst dich hier nicht aus, wirst 18.933 Schritte brauchen. Leonie, mein Wüstenkind, flüsterst du immer wieder.
Wenn ich dir schwer werde, wirfst du mich hoch in die Finsternis, wie einen roten Ball. Klatschst zwei, drei, manchmal viermal in die Hände, bevor du mich auffängst. Ganz sachte wirfst du mich, du denkst, ich schlafe noch. Die Glockenschläge kommen näher, noch 178 Schritte. Leonie, flüsterst du und dann sind wir da.

Sie warten schon, halten Fackeln in den Händen. Du trägst mich bis in die Kirche hinein, weiter geht es nicht. Als du mich absetzt, habe ich das Stehen verlernt, halte mich an deinen Schultern fest.
Jetzt trage ich ein weißes Kleid, darunter enge hellglänzende Schuhe, so hoch, dass ich kein Gleichgewicht finde. Die Haare hast du mir gebändigt und geflochten.

Der Mann, vor dem wir niederknien, spricht als würde er singen, singt als würde er sprechen. Als wir aufstehen, erklingt die Stimme des Chores, erhebt sich über unsere Köpfe, schwebt bis an die Decke. Ich versuche in den Gesang einzutauchen. Alles was ich herausstoßen kann, sind kleine Vogelschreie. Du schaust mich unentwegt an. Deine Stimme ist tief und dunkel, manchmal bewegst du auch nur die Lippen.
Man kann 8 Fliegen summen hören. Sie werden gejagt, werden aber entkommen können.
Die Zeremonie ist lang. Das Stehen unerträglich. Ich wippe ganz leicht mit den Fersen, denke an das Seil, das ich unter meinem Kleid versteckt habe.

27 Schritte und wir sind draußen. Sie lassen 958 Blütenblätter auf uns niederregnen. Die meisten sind schon verwelkt, bevor sie unsere Haut berühren.

439 Schritte sind es bis zum Festsaal. Als wir ihn betreten, klatschen 762 Händepaare. Wir werden in die Mitte der Tafel gesetzt. Man kann weder zur linken noch zur rechten Seite ihr Ende abschätzen.
Auf großen Tellern wurden Landschaften aus Fleisch und Früchten zusammengesetzt. Die Tischdecke ist mit kleinen, aneinandergereihten Häusern bedruckt. Ich habe keinen Hunger, esse dennoch. Die Menschen neben mir kauen immer dieselben Worte wieder. Ihre Stimmen werden zu einer fremden Sprache, die alles beherrscht. Das Fleisch schmeckt salzig. Es gibt Wein, aber kein Wasser.
19 Schritte, du führst mich in die Mitte des Parketts. Die Gäste umringen uns, lassen nicht viel Platz. Du nimmst meine Hände, sie sind viel dunkler als deine. Deine flüchtige Handbewegung in eine der Raumecken lässt Nomadenmusik erklingen. Flöten, Trommeln, Tamburine. Ich fühle meinen Körper einer Palme gleich biegsam werden. Du lässt mich kreisen, ziehst mich wieder zu dir heran. Die Musik wird schneller, der Klang flüchtender Kamelhufe. Obwohl ich nicht vergesse den Kopf immer zuerst zu wenden, ist mir als hättest du mich auf ein Karussell gesetzt.
Die Haare lösen sich, fallen mir über die Schulter. 513 Sandkörner fliegen zu Boden. Sie sind zu klein, um von dir erkannt zu werden. Verlieren sich unter den Schuhen der einzelnen Paare.
Für einen Moment setzt die Musik aus. Wir halten inne. Ich fasse deine Hände über kreuz, wir drehen uns gemeinsam. Ich sehe nur noch dein Gesicht, alles andere verschwimmt.
Ich tanze barfuß, du lachst. Ich werde zur Wasserpflanze, weich und beweglich.

Jedes Paar dreht sich um seine eigene Achse und alle drehen sich um uns. Viele kleine Planeten auf engstem Raum.

Leonie –
Sag nichts.
Wir ziehen uns zurück, werden durch eine andere Sonne ersetzt. Halten uns an der Haut, beginnen zu laufen. 97 Treppenstufen sind es bis zu dem Zimmer, in das du mich führst. Du hebst mich wie ein Räuber über die Schwelle.
Während du deinen schwarzweißen Anzug in 6 Teile zerlegst, trete ich ans Fenster. Unser Turm wird von 4 rotbärtigen Männern auf viel zu kleinen Fahrrädern umkreist. Aus ihren Köpfen wachsen Blumen, fleischfressende Pflanzen.
Du legst die Kleidung auf den Stuhl. Immer noch das Echo der Glocken. Du zündest Kerzen an, 36 gelbe Flammen.
Leonie - und dann scheint mein Körper nur noch aus Schubladen zu bestehen. So vielen, dass ich sie nicht zählen kann. Deine Hände sind groß, aber ich schreie nicht. Du öffnest sie erst vorsichtig, dann schneller, immer zärtlich. Darin findest du Zitronenfalter, nie abgeschickte Briefe, Kaulquappen, Tigerzähne, Erdbeeren und Bonbons mit Pfefferminzgeschmack. Deine Zunge ist schon ganz rot und weiß davon.

Die Glocken verstummen allmählich.

Bei Tagesanbruch werde ich von Durst geweckt. Warme Luft strömt ins Zimmer, lässt Wunden brennen. Die Raubtierwolken haben sich befreit, ziehen triumphierend am Fenster vorbei. Sand liegt auf dem Laken. Es riecht nach kaltem Wachs. Ich lege dir ein Geschenk um den Hals. Du blickst mich an.
Ich ziehe gleichzeitig an beiden Enden des Seils.

Koproduktionen / Schreibspiele

Reihumübersetzung I

Sieben Häute

Die Zwiebel liegt weißgeschält auf dem kalten Herd
Sie leuchtet aus ihrer innersten Haut daneben das Messer
Die Zwiebel allein das Messer allein die Hausfrau
Lief weinend die Treppe hinab so hatte die Zwiebel
Ihr zugesetzt oder die Stellung der Sonne überm Nachbarhaus
Wenn sie nicht wiederkommt wenn sie nicht bald
Wiederkommt findet der Mann die Zwiebel sanft und das
Messer beschlagen

Sarah Kirsch

I. Sieben Außenflächen

Der Baumstamm, ohne Rinde, auf gefrorener Feuerstelle
Er strahlt aus dem Mark daneben die Axt
Der Baumstamm die Axt einsam der Fäller *
Schritt schluchzend oder die Lage des Sterns überm Camp daneben
Wenn er nicht zurückkehrt wenn er nicht momentan
Zurückkehrt findet die Frau den Baumstamm weich und die Axt ergraut

* = Baumfäller, "der Mann mit der Axt"

II. Sieben Gärten

Geschälter Baum auf kalter Glut
Leuchtet hell auf das Herz die Axt nicht weit
Baum und Axt und Einsiedler Holzfäller
Er ging weinend vom Hang so kräftig hat der Baum
gekämpft, wohl auch die Lage des Sternes überm Camp daneben
Kehrt er nicht wieder, kommt nicht bald zurück
Schaut die Frau den Stamm zart und die Axt alt

III. Biblische Orte

Verbrannter Astgesell, asch...
Freut sich das Herz zu fällen
Astgesell und Werkzeug und Waldbewohner
Schluchzend verließ er den Hügel
So wehrte der andere sich, heil jedoch
Der Stern an seinem Lagerplatz darüber
Gibt es kein Zurück, kein Wieder
Augenertastend das Weib den Gesell ...
Das Werkzeug brüchig

IV. Religiöse Orte

Ausgebrannter Astkumpan, aschgrauer
Glücklich das Herz umzubrechen
Astkumpan und Werkzeug und im Wald Lebender
Weinend ließ er die Anhöhe hinter sich
So verteidigte der andere sich, heilig jedoch
Der Stern am gemeinsamen Ruheplatz in schwindeliger Höhe
Sieht man kein Zurück, kein Nochmal
Mit Blicken erfassend die Frau den Kumpan verletzlich
Das Werkzeug schwer beschädigt

V. Ort Gläubiger

lebensleerer Freund dieses Astes, fast schwarzer
fröhlich das Fühlende zu verstimmen
lebensleerer Freund und Mittel zum Zweck und im Wald Lebender
schluchzend passierte er die Anhöhe
so rechtfertigte der andere seinesgleichen, gesegnet
aber der Stern an der geteilten Raststätte hoch oben
sieht man keine Chance umzukehren, keine Wiederholung
mit Blinzeln erfassend die Dame den Freund empfindlich
das Mittel stark angegriffen.

Reihumübersetzung II

Die Verwünschung

Wolken prasselnder Stare im Sommer
Furcht und Verlangen nach bleiernem Himmel
Schneelastender Dunkelheit
Rauschen und Seufzer kahler Alleen
Purpurnen Zweigen kein Laut mehr
Von Treckern hitzeverrücktem Vieh
Verschlossene Häuser und Menschen
Abgetriebene Möwen aufm First und der Fluss
Gänzlich verlassen von Booten unter der
Eishaut wo jetzt Seerosen treiben die
Angler pausenlos sitzen

Sarah Kirsch

I. Der Fluch

Himmelsgewölbe prasselnder Stare im Sommer
Angst und Bedürfnis nach bleiernem Himmel
Finsternis erfüllt von Schnee
Knistern und Stöhnen nackter Alleen
Kleiner lila Äste Schweigen
Von Treckern hitzeverrücktem Vieh
Vermauerte Häuser und Leute
Abgetriebene weiße Vögel aufm First und Wasserstrom
Total verlassen von Schiffchen und der
Eisschicht wo sich nun Wasserpflanzen bewegen die
Fischer unentwegt sitzen.

II. Die Verwünschung

Universum tropfender Stare im Sommer
Angst und Verlangen nach schwerem Himmel
Dunkelheit gesättigt von Flocken

Rascheln und Seufzen nackter Straßen
Winziger violetter Äste Stummheit
Von kräftigen Arbeitsmaschinen wärmebescheuertem Rind
Verbarrikadierte Häuser und Menschen
Abgetriebene helle Flugtiere aufm First und treibendem Wasser
Endgültig sitzen gelassen von kleinen Booten und der
Eisschicht wo jetzt Wasserpflanzen herumhampeln die
Angler pausenlos sitzen

III. Der Fluch

All fallender Stare im Sommer
Panik und der Wunsch nach schwerem Himmel
Nacht voller Flöckchen
Knistern und Seufzen unbekleideter Straßen.
Kleiner lilaner Äste Schweigen
Von starken Arbeitsgeräten wärmebescheuerter Kuh
Verschlossene Gebäude und Leute
Abgetriebene helle Vögel aufm First und dahinschwimmende Brühe
Endgültig sitzen gelassen von winzigen Schiffchen und
Der Eisschicht auf der nun Wasserpflanzen herumtrampeln die
Schiffer ohne Pause sitzen

IV. Bannspruch

Eine Wolke abstürzender Vögel im Sommer
Angst und der Wunsch nach düsterem Himmel
Nacht voller Schnuppen
Unruhe und Aufstöhnen nackter Straßen
Violetter Zweiglein Schweigen
Von gewaltigen Maschinen wärmegereinigte Kuh
Verschlossene Gemäuer und Menschen
Vom Wege abgekommenes lichtes Federvieh auf dem Dach und
forttreibende Abwässer
Schlussendlich zurückgelassen von kleinsten Eisschiffchen
Auf denen nun Algen herumtölpeln die
Bootsleute ewig sitzen

V. Acht

Ein Schwarm von Kamikaze-Vögeln in den warmen Monaten
Panik und das Ersehnen von finsterem Weltdach
Schwärze voller Schnuppen
Krach und Erbeben nackter Straßen
Violetter Ast Verstummen
Von Megamaschinen heißgewaschene Kuh
Unzugängliche Ruinen und Wesen
Vom Zielstrahl abgewichenes helles Vogelgetier auf dem Dach und entschwindende Kloake
Schlussendlich verlassen von winzigen Eisförmchen
Auf denen um Meeresgewächs dümpeln die
Schiffer seelig ruhen

Reihumübersetzung III

Wasserheide

Nachtgetier früh unterwegs
Das Wiesel im Königspelz glitt
Auf winzigen Schlittschuhn vorüber.

Flieg der Eulin nach in den
Bruchwald. Ihr Himmel ist grün.

Sarah Kirsch

I. Meerfeld

Dunkelwesen früh auf Wanderschaft
Das flinke Mardertier im Purpurmantel schwebt
Leichtfüßig auf Eis vorbei

Folge der weisen Vogelfrau
In den Hain der brechenden Bäume
Ihr Firmament schmeckt nach Waldmeister

II. Meerwiese

Auf dunklen Wegen früher Streifzugsjagden
Der geschickte Marder im Königsmantel gleitet
Schwebend auf silbernem Eis vorbei

Verfolge den wissenden Vogel
Bis zum Bergeshang der zerberstenden Wälder
Deren Himmelsweite nach Tannengrün schmeckt.

III. Flurozean

Auf unbeleuchteten Straßen vergessener Kontrolljagden
Der gewitzte Marder im königlichen Pelz schwebt
Fliegend auf den nicht gold'nen zugefrorenen See vorüber.

Trage den weisen Adler
Bis zum Fuße des Gebirges der sich teilenden Wälder
Deren unendliches Himmelszelt nach grünen Nadelbäumen
Schmeckt.

IV. Steppensee

Auf düsteren Pfaden entfallener Streifzüge
Das schlaue Pelztier im prinzlichem Fell
Gleitet auf dem silbernem Bach vorbei.

Verfolge den allwissenden Adler
Bis das Gebirge steigt und der Forst sich lichtet
Und die endlose Weite der Luft
Wie Pinienwälder schmeckt.

V. Wüstenmeer

Auf finsteren Wegen vergessener Streifzüge
Gewitzter Biber im fürstlichen Gewand
Vorbei schwimmt er auf dem Bach im Mondschein.

Begleite den göttlichen Vogel
Bis vor Felswand
Über Baumgrenze
Und die Unendlichkeit seines Reiches
Sehnlich-süß Verlangen wird.

Zusammengesetzt

Wasserfall

Fall
Ich fliege
Haltlos
Dem Abgrund entgegen
Schwärze
Tiefe ewige Schwärze
Lauernd in der Tiefe
Was noch?
Ich weiß es nicht
Will es nicht wissen
Will nur fliegen
Dieses eine Mal
Todesflug

Christin Schulze

Wasser

```
                                e n pl
      e       p       e n r a c h   i t s
t o f n s     r t   z     a u s         c h e r
r p         r t         u                   n
            i                                 p
                                              l
                            r e   ä t
                          n   s c h
                      e i   f
                    ß   l
                  e
              c     g n
            k   u l
          s
            e   n
                  g
                      u
                n   g r
              s   l e
              t
            r
          ö
        m
      e   c   l
      n s h ä   g
            n   e l
                    n
                      r e i
                          ß e n
        s m                   z
      p   u               e
              n   e   r
      ü           r           b
        l e               c h w e   e n f
              e       p e n s       a
        n   n d n d m f             l
          r a     a                 l
          b                         e
                                    n
```

Sopie Schäpe

Wasserfall

Dampfen, steigen, schweben
Ich fliege
Haltlos
Dem Abgrund entgegen
Schwärze
Tropfen, spritzen, rauschen, plätschern
Tiefe, ewige Schwärze
Lauernd in der Tiefe
Reißen, zerren
Was noch?
Umspülen, branden, strudeln
Plätschern, glucksen – ich weiß
Gurgeln, strömen – es nicht
Will es nicht wissen
Will nur – partnersuchen, fallen – fliegen
Dieses eine Mal
Todesflug

Sophie Schäpe / Christin Schulze

Zahn-Seide

Seidenreißer / reißt rissweichweit
Zahngestein und Zahnfleischwein
Rotgeriemte Roben
Schützenklüfte, Fäulnisdüfte
Rotgewandet nun
Granatenkrater, Frühstückskater
Tagesfadenlang
Desinfiziert, Cola-Korn-und-Bier-garniert
Seidenspinnerkind
Zähne gelber Nikoteenager
In roten Schuhen

Nora Bossong / Rabea Edel / Matthias Meppelink / Jan Oberländer / Martyna Starosta

Traum Haar*

  Traum Haar
   Traum Ha
    Traum-H
     Trauma
  Trauma Haar
   Traumahaar
    Traumata

Der Frisör, der sich so nennt, möge mir verzeihen.

Clemens Bernhard / Sonja Dinter / Kirsten Lang / Sophie Schäpe

Einen Anfang setzen

Urk der Gurk

Sonne schien. Sie trocknete die frisch errichteten Lehmhütten soweit, dass ihre Farbe vom vollen Braunrot ins mattere cremefarben-Braun wechselte. Die neu errichtete Siedlung thronte in ihrer hoffnungsvollen Armseligkeit über den Weiten der unberührten Steppe. Einige Mammuts waren unterwegs, doch ausnahmsweise waren ihre Absichten nicht ersichtlich.
Urk wischte sich den Schweiss von der wulstigen Stirn. Über seinen mächtigen Augenbrauen hatten sich große Mengen Salzwasser angesammelt. Mit einem wohligen Grunzen leckte er sich die wertvollen Mineralien von den Fingern. Der erdige Geschmack störte ihn dabei nicht, er war wesentlich schlimmeres vom heimischen Lagerfeuer gewöhnt.
Lagerfeuer. Dumpf und trübe erwachte eine Erinnerung in dem etwas langsamen Gehirn des Mannes. Holz suchen, dafür hatte man ihn ausgeschickt. Eine der Aufgaben, die ihm üblicherweise zukamen: Einfache Aufgaben. Die Zeit zur Jagd war heute noch nicht gekommen, aber er freute sich schon jetzt so darauf, dass er leise und trocken vor sich hinlachte. Er wusste nichts von der Art und Weise, wie man sich den Tieren näherte, er war weder flink, noch konnte er gut mit Waffen umgehen. Aber gab man ihm einen ordentlichen Knüppel in die Hand, so konnte er ein durchaus brauchbarer Bursche sein.
Doch dann passierte etwas, womit Urk keinesfalls gerechnet hatte: der Postbote kam vorbei. Nun, für die meisten Menschen ist dies durchaus nichts Aussergewöhnliches..., aber für Urk war es der erste Brief seines Lebens. Bisher hatte er weder einen bekommen noch geschrieben. Urk war Analphabet, aber da man sich hier in der Siedlung bisher nur flüchtig kannte, konnte er es noch ohne Probleme vor den anderen verbergen.
Aber wen sollte er fragen, was in dem Brief stand – und wer konnte der Absender sein?
Urk stand vor einem Rätsel.
Er hielt die große gefaltete Mammuthaut in einer Hand, versuchte den zierlichen Knochen aus der grobporigen Haut zu ziehen, um den Naturumschlag zu öffnen. Durch seine Ungeschicklichkeit brach der Knochen, er konnte aber die Haut über die Bruchstelle ziehen und gelangte

ins Innere des Lederbriefes. Er hielt die Innenseite eines Kaninchenfells in der Hand, auf der eine Botschaft stand. Nur entziffern...? Wer konnte es entziffern?
Ein Adler flog über Urk hinweg und schaute auf die hilflose Figur. Er sah das Fell und die Zeichen auf ihm, sie lasen sich wie folgt:

Kommt aufs Boot

Noah

So wurden die Adler gerettet

Utopia Reisen - Nichts ist unmöglich

Sophie Schäpe

Habe ich euch schon von unserer Text-Tournée erzählt? Nicht? Na dann wird es aber Zeit. In Paris sollten wir im Louvre eine Vorlesung geben. Untergebracht waren wir im Hotel Robespièrre. Kinder, Kinder, ich sag euch, dass war das vornehmste Hôtel überhaupt. Das Essen war fantastique, die Teppiche dick und geschmeidig, die Decken hoch, ...ah und erst die Bedienung... Wenn ich an den schneidigen Kellner denke und an sein hervorragendes Gleichgewicht... Trotz tausender schwerer Teller verlor er nie die balance.
Doch nun zu dem eigentlichen Grund unseres Aufenthaltes in dieser ach so schönen Stadt: Wir sollten am Abend unsere Vorlesung abhalten, und natürlich waren wir alle gut gekleidet.
Michael trug einen - für ihn völlig untypischen – schlichten, schwarzen Anzug mit einer seidigen, schwarzen Fliege. Er fuhr sich nervös durch die Engelslockenpracht und striff mit seinen samtigen blauen Augen über seinen Text, um noch ein paar Formulierungen zu ändern. „Flaschensalat passt doch besser als Pelzschäler?" fragte er **Rabea**. Entsetzt sah sie ihn an und wiederholte zum siebten mal eine Passage aus ihrem eigenen Text: „...leises Flüstern aus der Tastatur, aus der Tinte auf den Bildschirm strömt... Entschuldigung **Michael**, wie kann ich dir helfen?"
„Also neh, ich überlege nur irgendwie sowas, es muss doch passen... Ach Mist!"
Er wandte sich an mich: „**Sophie,** sag doch mal, was klingt besser?"
„Was?!" Ich war nun wirklich gerade mit anderen Dingen beschäftigt. Meine Blumenunterhaltung steckte voller Rechtschreibfehler, wie sollte ich das denn jetzt noch korrigieren? „Tut mir leid. Ich ich ähm, am besten sag ich jetzt gar nichts mehr. Nimm das zweite, glaub ich."
Clemens grinste. Kein Wunder, der war immer pünktlich fertig. Er diskutierte gerade mit **Christin** über den Sinn einer Siamkatzenfarm, die in ihrem Werk vorkommen sollte. Sie mochte die Idee so gerne, er fand sie überflüssig. Zum Ausgleich meinte sie gerade: „Wenn du diesen seltsamen Kirchenatmosphärentext, den niemand versteht nimmst, dann kann ich auch eine Siamkatzenfarm beschreiben. Bäh."
Rabea war so in ihren Text versunken, dass sie sich aus Versehen Salz in den Kaffee streute. Sie trank ihn ohne es zu bemerken und daher erklärt sich auch, warum sie nie an Jodmangel litt. **Matthias** und **Nora** saßen in einer Ecke und diskutierten einen Satz.
„Weißt du, für mich hat der richtig Rhythmus.", sagte **Matthias**.

„Ja, ja, genau, eine Textmelodie.", stimmte **Nora** zu.
Matthias las noch einmal laut vor: „Die singenden Seelöwen / wiegten sich weinend / in der Weite des Augenblicks..."
„Aber es wäre noch besser, wenn du statt Augenblick irgend ein anderes Wort nehmen würdest. Andererseits... ‚Augenblick' ist auch ein starker Ausdruck." überlegte **Nora**. Sie selbst wollte eine Mischung aus Lyrik und Prosa vorlesen.
„Entschuldigung.", unterbrach sie **Jan**, „soll ich heute das Gedicht mit den Stechpalmen vorlesen oder ‚Privatweg, keine Wendemöglichkeit."
„Also, ich würde sagen,", mischte sich **Martyna** ein, „das mit dem Privatweg passt vom Thema her gut zu deinen anderen Gedichten."
„Okay, dann mache ich das so." Immer noch sinnierend ging er zu **Kirsten**, die am Buffet Weintrauben aß.
„Hey du!" begrüßte sie ihn. „Alles im grünen Bereich?"
„Naja, geht so." antwortete **Jan**.
„Kannst du mir mal helfen und mir sagen, ob ich aus der Speerbruder-Trilogie vorlesen soll oder lieber die Sache mit der Mondsense?"
„Die Geschichte von der Sense kenne ich noch gar nicht. Kann ich die mal lesen?"
„Ja, kein Problem, aber die hat auch zwanzig Seiten. **Martyna** liest ihn gerade. Wir haben getauscht. Ich habe gerade ihren ‚Weißen Neger' in der Hand."
„Dann gehe ich mal dahin."
Sonja klingelte in der Eingangshalle herein, das Glöckchen am Schuh dingelte im Takt zu ihren Schritten. Fling! Fling! Fling! „Ich brauch einen Stift! Ich muss was schreiben! Ich habe gerade ‚Elfentanz' gehört. Gebt mir 'was zu schreiben." Sie schwenkte die Mila-Mar-CD.
„Hör auf damit!" sagte **Sara** und versuchte eins ihrer Schafe davon abzuhalten vom Blatt zu springen. (alle suizidgefährdet)
- Übrigens, jetzt kommt die Handlung! – Es war inzwischen nur noch eine halbe Stunde bis zum großen Auftritt. Der ‚countdown' lief...
Wir alle hinterher. In diesem Augenblick trat der superbohème des Louvre ein und sagte – alle Ohren waren auf ihn gerichtet - : „Wier müssen Ihnen leider mit-teilän, dass die Väranstaltüng wägän zu gütem Wetters abgesagt werden mussde. Wier bitten um ihr Värständnies."
Ja, Kinder, so war das damals in Paris!

Laborbilder II

Mit den „Literarischen Collegiaten" im Lessinghaus

Gespräche am Abend

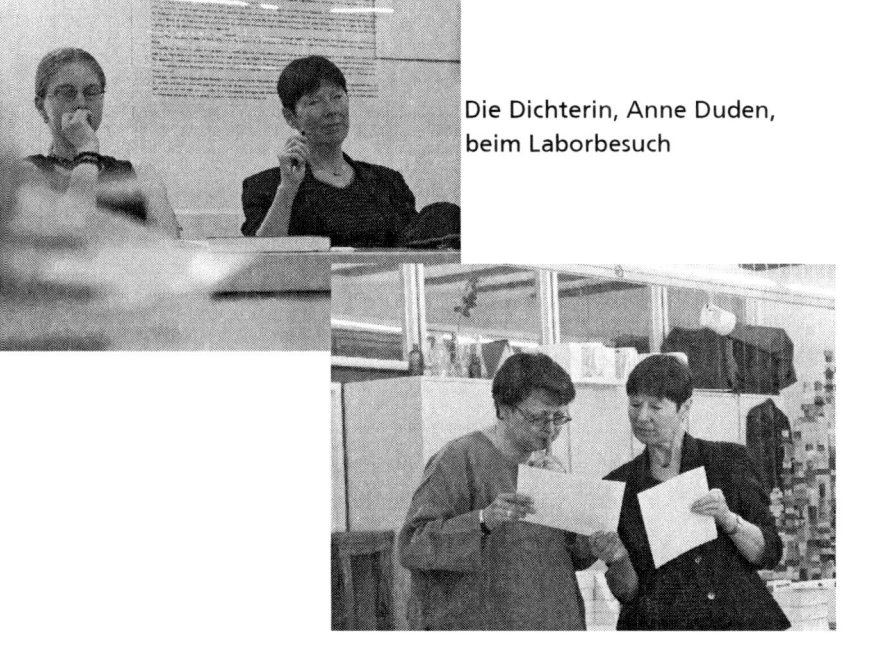

Die Dichterin, Anne Duden,
beim Laborbesuch

Im „Textgericht"

Die Zeit rennt davon, Nervenzerreißprobe während der Schlussredaktion

Schöpferische Musikpause

In der „Textverwertung"

Titelsuche

Jam-Session
in der fast letzten
Nacht

Ein Toast auf uns alle – nach der
Plünderung des Theaterfundus'
am letzten Abend

Aus Schreibimpulsen entstandene Texte

Literarische Stadterkundung

„Stadtplanphantasie"

Folgende Texte entstanden darauf hin, dass den Teilnehmern sozusagen „sprechende" Orte bzw. Straßennamen Wolfenbüttels zugelost wurden, sie diese Orte zunächst mit einem Text an- bzw. ausphantasierten, ehe sie vor Ort recherchierten und im Anschluss eventuell einen weiteren Text schrieben.

S. 50	Sonja V. Dinter „Am alten Tore"
S. 68	Kirsten Lang „Im kalten Tale"
S. 83	Matthias Meppelink „felsenblick" (ehedem „Brockenblick")
S. 111	Jan Oberländer „Im Blumengarten"

"Bild aus der Wirklichkeit"

Folgender Text entstanden auf den Impuls hin, sich auf dem Stadtspaziergang ein Motiv zu suchen und es wie ein Fotograf in einer lyrischen Momentaufnahme festzuhalten.

S. 17	Clemens Bernhard „Der Wettergaul"

Oulipo

„Tabu"

Dieses oulipoistische Verfahren erklärt willkürlich bestimmte Vokale oder Konsonanten für tabu (vgl. z.B. Georges Perec „La disparition" /"Anton Foyls Fortgang", der einen gesamten Roman ohne den Buchstaben „e" verfasst hat). Kirsten Lang fehlte den Vokal „u".

S. 66	Kirsten Lang „An den Feldherren"

Akrosticha

Die Zeilenanfänge (und manchmal auch Enden) senkrecht von oben nach unten gelesen ergeben einen Sinn.

S. 40 Sara Braunert „fast ein liebeslied"
S. 113 Jan Oberländer
S. 116 Sophie Schäpe

„Reihumübersetzung"

Bei der „Reihumübersetzung" handelt es sich um ein Schreibspiel, bei dem jeder Teilnehmer ein ihm unbekanntes Gedicht erhält (ohne Angabe des Autoren) mit der Aufgabe, es, wenn möglich Wort für Wort, in Synonyme zu „übersetzen". Dann wird das Original aus dem „Verkehr" gezogen und die Übersetzung an den Nachbarn weitergegeben. Der „übersetzt" nun die Version seines Vorgängers usw.

S. 153 – 154 „Sieben Häute"
S. 155 – 157 „Die Verwünschung"
S. 158 – 159 „Wasserheide"

Schreiben zu Bildimpulsen

Zu Anne Dudens im „Judasschaf" ausgewählten Bildern

S. 99 Michael Neumann „Polemie"

Zu Tintoretto, Überführung des Leichnams des hl. Marcus

S. 28 Nora Bossong „Venezianischer Tod"
S. 122 Sophie Schäpe „Reaktion auf das Bild ..."

Zu Carpaccio, Meditation über die Passion Christi

S. 19   Clemens Bernhard „Passion"

Zu ausgewählten Bildern

S. 47   Sonja V. Dinter „Welten"
S. 112   Jan Oberländer „Eismeer"

Prosa-Aufgaben

Erzählerische Grundkategorien einführen

„Einen Anfang setzen"

Hierbei handelt es sich um eine in der Gruppe entstandene „Reihum"-Geschichte, bei der in verschiedenen Schreibrunden Ort und Zeit, die handelnden Figuren, ihre Charakterisierung und der Plot, ein plötzliches Ereignis festgelegt werden.

S. 164 „Urk der Gurk"

Personen/Protagonisten/Figuren erfinden und entstehen lassen

"Figuren aus dem Zettelkasten"

In einem Spiel werden jedem Teilnehmer vier vorher durch die Teilnehmer selbst hergestellte Stichworte zugelost (ein Name, ein charakterisierendes Adjektiv, eine Berufsbezeichnung, eventuell eine typische Verhaltensweise).

S. 15 Clemens Bernhard „Fürst Ratte"
(Die Stichworte waren Kanalarbeit, schizophren, von Neuschwanenbrück)

"Ungewöhnliche Charaktere"

Folgender Text entstand in Anlehnung an bzw. auf Titel aus dem Inhaltsverzeichnis von Elias Canettis „Der Ohrenzeuge" hin:
S. 14   Clemens Bernhard „Der Maestroso oder Saus und Braus"

"Erzählen über das Fremde an jemandem"
eine Aufgabe in Anlehnung an Gabriele Wohmanns „Flitterwochen, dritter Tag"
S. 131 Christin Schulze „Befremdlich"

Lyrik- Aufgaben

Haikus

Eine japanische Lyrik-Form, die u.a. auf der Silbenzahl beruht.
S. 133   Christin Schulze

„Nimm's wörtlich"

Eine Lyrik-Aufgabe, die es darauf anlegt, Redewendungen wörtlich zu nehmen.
S. 42, 43   Sara Braunert „Unter vier Augen", „Ein Frosch sein"
S. 97   Michael Neumann „Auf der faulen Haut liegen"

„Zusammengesetzt"

S. 160-162 Christin Schulze / Sophie Schäpe „Wasserfall"
S. 163   Rabea/Nora/Jan/Martyna/Matthias „Zahn-Seide"

Die Autorinnen und Autoren
in Ihren eigenen Worten

Clemens Bernhard
Am 16.7.1984 wurde geb.oren und lebt seitdem in Stadthagen, ging zu diversen Schulen und ist noch immer dabei, lebt, liest und schreibt von Zeit zu Zeit Clemens Bernhard.

Nora Bossong
Geb. 1982 in Bremen, lebt z.Zt. in Göttingen. Abitur bestanden, danach ein Studium in Leipzig oder Berlin. Veröffentlichungen in Zeitschriften, u.a. „Das Heft, das seinen langen Namen ändern wollte" (Schweiz / Juni 2001) und Anthologien, u.a. „Sieben Schritte Leben" (Grupello Verlag Düsseldorf / März 2001), „Heiß auf Dich" (dtv München / Februar 2002).
„Mein Tag besteht aus acht Tassen Kaffee. Manchmal ist es auch etwas mehr."

Sara Braunert
Eigentlich Sara Nicola, aber noch nie so genannt worden. Auch das Finden eines anständigen Spitznamens schlug fehl, daher die Suche der Identität in Haar- und Schuhfarben.
Erster wortähnlicher Laut: Krock erro (möglicherweise Herkunft aus dem Lateinischen [quod ero?]) Erstes zu Papier gebrachtes Wort, abgesehen von Miau, IA und Wau Wau: Mama. Mittlerweile 16, mit 15 zum Labor gekommen, durch die Schule erste Schreibversuche mit etwa 6, erste Geschichtchen mit ungefähr 12. Wohnhaft in: Hannover, auch immer gewesen. Lebensmotto: So weit im Lecke ist zu nah am Töffe.

Sonja V. Dinter
Geb. in der Nacht zum 8. Juli 1983 in Höxter, bis heute ihre Heimatstadt, in der sie momentan das städtische Gymnasium besucht, um sich durch das Abitur ein Universitätsstudium zu ermöglichen. Seit dem 13. Lebensjahr auf der Suche nach Worten, die das Unaussprechliche sagen, das Ungestaltbare darstellen.

Rabea Edel
Geb. 1982, lebt in Cuxhaven und Berlin. Ausgewählte Teilnehmerin am „Treffen Junger Autoren" '96 und '98; am „Deutsch – Polnischen Treffen Junger Autoren" '98, '99, '00; am „Deutsch – Rumänischen Treffen Junger Autoren" '00/ '01; Preisträgerin des Literaturpreises „Junge Prosa" der Stadt

Arnsberg '01; Veröffentlichungen in Anthologien, u. a. „Bis das Seil reißt" (Berlin '97), „Als gäbe es noch Zeit" (Alibaba – Verlag Frankfurt a. M./ Berlin '99), „naturtrüb" (heka – Verlag '99), „Was ist Liebe?" (Rowohlt '00/ Bertelsmann '01), „Postpop - Junge Prosa" (Arnsberg '01) und Zeitschriften, u. a. „intendenzen" (5/ '99), „Dragonpresse" (1/ '00), „STINT" (29/ '01), in Deutschland und Polen. Übersetzungen ins Polnische und Rumänische.
So viele Städte die Augen heißen. Ihren Atem messen an sich; unter den Fingerkuppen erreichen wir ihre Haut. Beginnen. Warten Beobachten, daß ein Moment sich dir zugibt. Sechstausendneunhundertachtzig Tage Wachsen daran; Ich schlafe nicht, ich schreibe.

Kirsten Lang
Texte-Hexe: erreicht voll ausgefahren eine Höhe von 1,73m / seit 18 Jahren fehlerfrei im Betrieb / schwankt problemlos (mit nur gelegentlichen Reibungsverlusten) zwischen diversen Bewusstseinsebenen und Welten, in denen Magier als Lehrberuf zählt / schreibende Tätigkeit seit dem 13. Lebensjahr / Nebenfunktionen: voll einsatzbereite Feuerwehrfrau und Schülerzeitungsredakteurin. Weitere Informationen finden sich im TABU Text „An den Feldherren". Preis auf Anfrage.

Matthias Meppelink
Geb. 1982, lebt in Emlichheim.
„Ich hoffe mal, das ist alles Teil des Plans." (... but alive).

Michael Neumann
Haus gerade in Bassum	so heiss' ich
Schule	da wohn ich
31.10.84	da geh ich hin
	seit dem gibt's mich.

Jan Oberländer
1980 in Braunschweig geboren, Studium in Berlin.
Internet: www.lyromat.de.

Sophie Schäpe
1981 in Helmstedt geboren. Meines Zeichens kleinwüchsiges, naturliebendes Novemberkind mit dem Traumberuf Jongleur. Großgeworden mit „Augsburger Puppenkiste" und „Der Sendung mit der Maus". Fiel schon im Kindergarten mit dem Lieblingstier Molch aus dem Rahmen, später Steigerung dieser Situation durch eine Vorliebe für Kinderbücher, Goethe und Verdi-Opern. Demnächst geplant: Jurastudium.

Christin Schulze
Geb. 1985 in einer kalten Oktobernacht. Aufgewachsen in Echlingerode und seit acht Jahren katzenvernarrt. Mit sechs eingeschult und noch immer – und voraussichtlich auch noch länger – glückliche Schülerin.

Martyna Starosta
Geb. 1983
„Heute bleibt die Welt abstrakt.
Morgen werde ich eine Reise machen."

Die HerausgeberInnen

Katrin Bothe, Katrin Bothe, Literaturwissenschaftlerin und -didaktikerin, Hochschuldozentin an der Universität Kassel, Expertin für Kreatives, literarisches Schreiben, Laborleiterin.

Andrea Ehlert, Referentin für Öffentlichkeitsarbeit und Koordination an der Bundesakademie Wolfenbüttel.

Friederike Kohn, studiert Kreatives Schreiben und Kulturjournalismus an der Universität Hildesheim.

Peter Larisch, Studienrat mit den Fächern Deutsch und Englisch an der Integrierten Gesamtschule Franzsches Feld in Braunschweig.

Wolfenbütteler Akademie-Texte

Die Reihe WOLFENBÜTTELER AKADEMIE-TEXTE (WAT) gibt die BUNDESAKADEMIE FÜR KULTURELLE BILDUNG WOLFENBÜTTEL heraus. Diese Reihe dient vor allem dazu, Arbeitsergebnisse aus Veranstaltungen der Akademie zu dokumentieren und einer breiteren Öffentlichkeit zugänglich zu machen. Bislang sind in dieser Reihe folgende Bände erschienen, die Sie über den Buchhandel beziehen können:

WAT 1: Karl Ermert (Hrsg.): Ehrenamt in Kultur und Arbeitsgesellschaft. Wolfenbüttel 2000. 156 S. € 10,50. ISBN 3-929622-01-7

WAT 2: Karl Ermert / Thomas Lang (Hrsg.): Die Förderung von Kunst und Kultur in den Kommunen. Kommunikationsformen, Willensbildung, Verfahrensweisen. Wolfenbüttel 2000. 128 S. € 10,-. ISBN 3-929622-02-5

WAT 3: Klaus N. Frick & Olaf Kutzmutz (Hrsg.): Nicht von dieser Welt? Aus der Sciencefiction-Werkstatt. Wolfenbüttel 2001. 112 S. € 8,-. ISBN 3-929622-03-3

WAT 4: Sabine Baumann (Hrsg.): Nachts... Bilderbücher mit allen Sinnen erfassen. Wolfenbüttel 2001. 68 S. € 8,- ISBN 3-929622-04-1

WAT 5: Olaf Kutzmutz (Hrsg.): Harry Potter oder Warum wir Zauberer brauchen. Wolfenbüttel 2001. 112 S. € 9,-. ISBN 3-929622-05-X

WAT 7: Sabine Baumann (Hrsg.): Künstlervertretungen im 21. Jahrhundert – International Artist Tools. Wolfenbüttel 2002. 97 S. € 8,-. ISBN 3-929622-07-6

WAT 8: Katrin Bothe, Andrea Ehlert, Friederike Kohn, Peter Larisch (Hrsg.): Destillate. Literatur Labor Wolfenbüttel 2001. 182 S. € 10,-. ISBN 3-929622-08-4

WAT 9: Olaf Kutzmutz (Hrsg.): Warum wir lesen, was wir lesen. Beiträge zum literarischen Kanon. Wolfenbüttel 2002, 112 S. € 9,-. ISBN 3-929622-09-2

In eigener Sache

Bundesakademie für kulturelle Bildung Wolfenbüttel

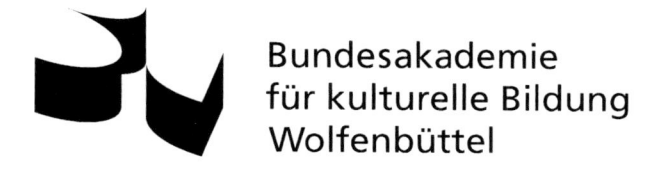

Ziele

Die Akademie ist ein Ort für Kunst, Kultur und ihre Vermittler. Ihr Zweck besteht darin, kulturelle Bildung zu fördern. Das geschieht insbesondere durch Fort- und Weiterbildung von haupt-, neben- oder ehrenamtlich tätigen Personen, die künstlerisch und/oder kulturvermittelnd arbeiten. Die Akademie verfolgt damit das Ziel, über die Fortbildung von Multiplikatoren Kulturarbeit zu professionalisieren, das Angebot von hochqualifiziertem Personal auf dem Arbeitsmarkt der kulturproduzierenden und kulturvermittelnden Berufe in Deutschland zu stärken und damit bundesweit zur kulturellen Entwicklung in unserer Gesellschaft beizutragen.

Angebot und Arbeitsweise

Die Akademie bietet vor allem berufs- oder tätigkeitsbezogene Fortbildungsseminare in derzeit fünf Fachbereichen an: Bildende Kunst, Literatur, Museum, Musik und Theater, die auch interdisziplinär und zusammenarbeiten. Das Angebot ergänzen Fachtagungen, Kolloquien und Symposien, in denen Experten, politisch und administrativ Verantwortliche sowie Betroffene im Kulturbereich an gemeinsamer Problemanalyse arbeiten und nach Problemlösungen suchen. Publikationen, von Buch und Broschüre (in der Reihe *Wolfenbütteler Akademie-Texte*) bis CD-Rom und Internet-Angebot (www.bundesakademie.de), sowie Beratungen für Einrichtungen und Einzelpersonen (Coaching) runden die Produktpalette ab.

Die Fortbildungsarbeit geschieht konkret und praxisorientiert in meist drei- bis fünftägigen Seminaren. In der Regel erarbeiten Kleingruppen ihre Themen mit den FachbereichsleiterInnen der Akademie sowie mit externen DozentInnen bzw. ReferentInnen, die für die fachlichen Spezialthemen besondere Qualifikationen aufweisen. Die meisten Fachbereiche bieten auch mehrteilige Kursreihen an, teils mit Zertifikatsabschluss.

Es bestehen zahlreiche Kooperationen mit Verbänden, Stiftungen, Hochschulen, Rundfunkanstalten, Einrichtungen der Lehrerfortbildung usw.

Gastbelegungen sind auf Anfrage möglich.

Standort und Trägerschaft

Die Akademie arbeitet im Schloss Wolfenbüttel und in ihrem Gästehaus, einer ehemaligen Wassermühle, in einem ebenso funktionalen wie stilvollen Kontext. Sie wurde 1986 gegründet und wird unterhalten durch einen gemeinnützigen Trägerverein, dem neben Einzelpersonen und zahlreichen Kulturverbänden Stadt und Landkreis Wolfenbüttel, die Länder Niedersachsen, Bremen und Schleswig-Holstein sowie der Bund angehören. Die Akademie wird institutionell gefördert durch das Land Niedersachsen und erhält Projektförderung durch den Bund.

Bundesakademie für kulturelle Bildung Wolfenbüttel
Postfach 1140
38281 Wolfenbüttel
Tel. 05331-808-411
Fax 05331-808-413

E-Mail zentral: post@bundesakademie.de

Im Internet: www.bundesakademie.de